Bernhard Bartholmes

Häfen und Ankerplätze Costa Brava

Bernhard Bartholmes

Häfen und Ankerplätze Costa Brava

und Häfen um Barcelona

Ein praktischer Begleiter für Segler und Motorbootfahrer

Delius Klasing Verlag

Autor und Verlag übernehmen für Irrtümer, Fehler oder Weglassungen keinerlei Gewährleistung oder Haftung. Die Pläne dienen zur Orientierung und nicht zur Navigation; sie ersetzen also keineswegs Seekarten und Seehandbücher.

Von Bernhard Bartholmes erschienen folgende Titel:

Costa Brava (Delius Klasing)
Karibik aus der Luft (Delius Klasing)
Virgin Islands (Edition Maritim)
Segeln in der Karibik (Edition Maritim)
Die Balearen (Edition Maritim)

Titelbild: Cala d'Aiguablava

Fotos auf den Seiten 32/33, 52/53, 76, 94/95, 120/121: Dr. Renate Bartholmes; 45 und 88: P. K. Gropius; 111: Ministerio de Tourismo; alle anderen Fotos, einschließlich Titelbild und Pläne: Bernhard Bartholmes.

ISBN 3-7688-0713-4

Lektorat: Ursel Müller-Seegers
Printed in Germany 1991
Druck: Kunst- und Werbedruck, Bad Oeynhausen

Inhalt

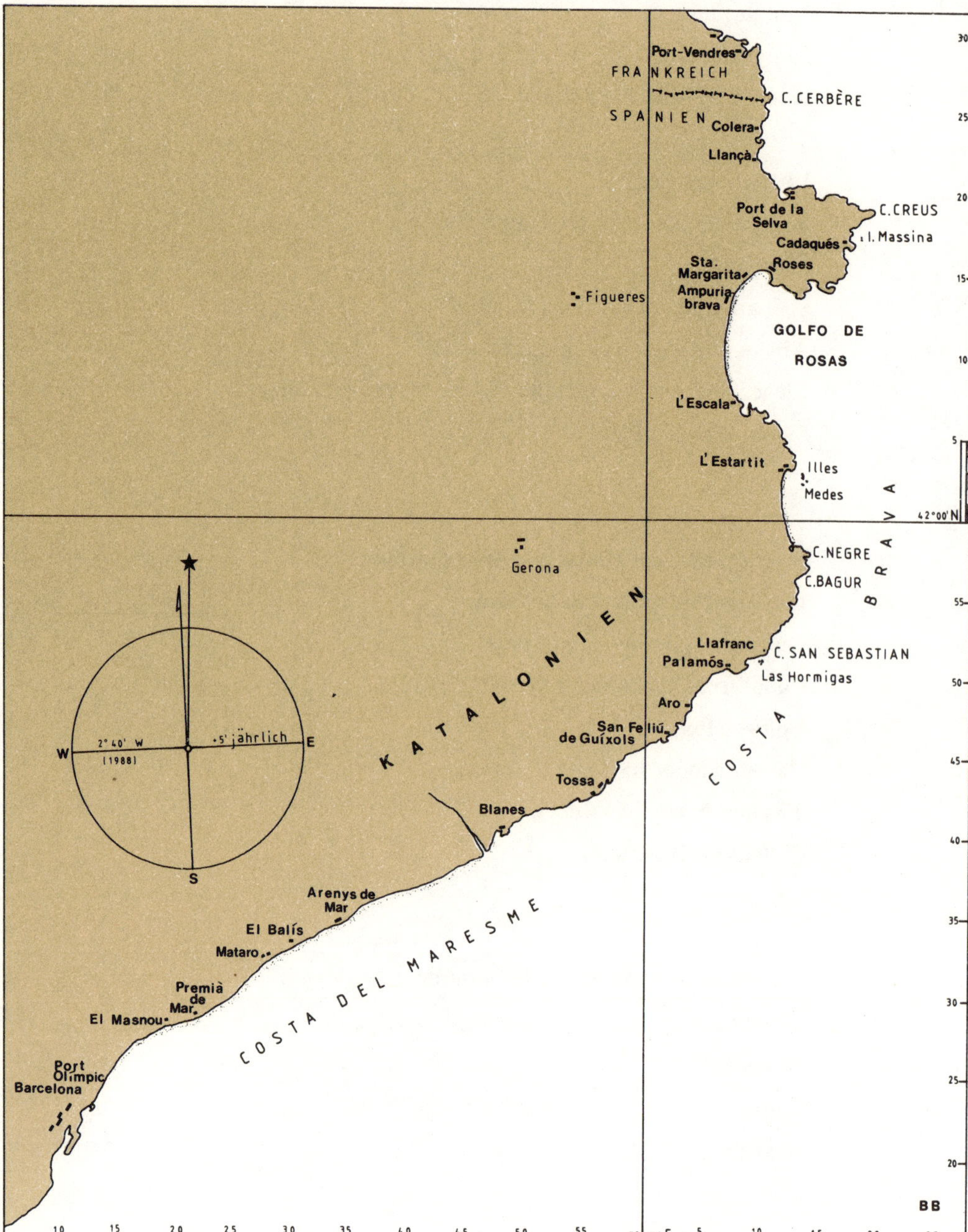

Port-Vendres
FRANKREICH
C. CERBÈRE
SPANIEN
Colera
Llançà
Port de la Selva
C. CREUS
Cadaqués
I. Massina
Sta. Margarita
Roses
Figueres
Ampuria brava
GOLFO DE ROSAS
L'Escala
L'Estartit
Illes Medes
42°00'N
C. NEGRE
Gerona
C. BAGUR
COSTA BRAVA
KATALONIEN
Llafranc
Palamós
C. SAN SEBASTIAN
Las Hormigas
Aro
San Feliú de Guíxols
2°40' W (1988)
•5' jährlich
W
E
S
Tossa
Blanes
Arenys de Mar
El Balís
Mataro
COSTA DEL MARESME
Premià de Mar
El Masnou
Port Olímpic
Barcelona
BB
3° 00' E

Einführung

Katalonien im Nordosten der Iberischen Halbinsel hat eine Gesamtfläche von 32000 km^2 und etwa sechs Millionen Einwohner. Fast ein Drittel davon lebt in Barcelona, Hauptstadt Kataloniens und wichtigster Industrie- und Handelsplatz Spaniens. Das Land zwischen Pyrenäen und Mittelmeer mit seinen weltoffenen, großzügigen Menschen erlebte in seiner weit über tausendjährigen Geschichte und Kultur, an der maßgeblich Griechen, Römer und Westgoten beteiligt waren, mehrmals Aufstieg und Niedergang.
Ganz gleich in welche Zeitepoche man zurückblickt, der Drang nach Eigenständigkeit mit eigenen Regierungseinrichtungen und der eigenen katalanischen Sprache war immer stark ausgeprägt.
Mit der Gründung der „Spanischen Mark" durch Kaiser Karl den Großen begann um 800 n. Chr. die wohl glanzvollste Epoche in der Geschichte der Katalanen. Durch geschickte Heirats- und Eroberungspolitik wurden die Grafen von Barcelona zu Königen von Aragón, und sie vergrößerten ihren Einflußbereich weit über die Grenzen des heutigen Kataloniens hinaus.
Das katalanische Banner, bis heute unverändert vier rote Streifen auf gelbem Grund, wehte zwischen dem 13. und 15. Jahrhundert auf Sizilien, Sardinien und im Königreich Neapel, auf den Balearen und von Alicante bis Perpignan. Kein Wunder, daß die Katalanen zu dieser Zeit eine Vormachtstellung im westlichen Mittelmeer hatten.
Mit den „Katholischen Königen" Ferdinand II. von Aragón und Isabella I. von Kastilien kam die Wende, und ausgerechnet Christoph Kolumbus, der nach seiner Rückkehr aus Westindien in Barcelona so triumphal empfangen wurde, war der Katalysator für den Niedergang Kataloniens. Mit der Entdeckung Amerikas und der darauffolgenden Kolonialpolitik in Übersee verloren der Handel im Mittelmeer und damit die katalanischen Hafenstädte zunehmend an Bedeutung; das Gold aus den Kolonien ging in Sevilla an Land, und nachdem auch noch Kastilisch zur spanischen Hochsprache wurde, waren Barcelona, die Katalanen und ihre Sprache aus der Weltpolitik verdrängt.
Ihre vielen Kämpfe um Eigenständigkeit und Autonomie waren bis ins 20. Jahrhundert erfolglos, besonders der Spanische Bürgerkrieg endete 1939 mit einem Desaster für die Katalanen: Die Generalitat de Catalunya, d. h. die Regierung, wurde von Franco abgesetzt, der Präsident Kataloniens, Lluís Companys, wurde erschossen, Katalanisch in Wort und Schrift verboten, und viele Wissenschaftler, Künstler und Politiker mußten ins Exil.
Erst nach dem Tode Francos konnten die Katalanen politisch wieder aktiv werden. Die Rückkehr zur Selbstbestimmung begann am 11. September 1977 in Barcelona mit einer friedlichen Demonstration, in der über eine Million der sechs Millionen Katalanen ihre Autonomie und das Recht auf den Gebrauch der eigenen Sprache zurückforderten. Die Entwicklung zur Eigenständigkeit war nicht mehr aufzuhalten.
In einer bemerkenswerten Rede in katalanischer Sprache anerkannte Juan Carlos, König von Spanien, öffentlich die Freiheitsliebe der Katalanen. Das neue katalanische Autonomiestatut wurde 1979 vom spanischen Parlament verabschiedet.
Nach dem Ende der Diktatur begann der stufenweise Ausstieg aus der Isolation; Spanien ist heute Mitglied der Europäischen Wirtschaftsgemeinschaft, des Nordatlantikpaktes und der OECD. Als konstitutionelle parlamentarische Monarchie mit einer freigewählten demokratischen Regierung hat das Land

den Sprung vom Agrarstaat zum modernen Industriestaat geschafft. Die spanische Wirtschaft hat durch den EG-Beitritt 1986 einen starken Wachstumsschub erfahren, und das Realeinkommen großer Bevölkerungsschichten steigt von Jahr zu Jahr. Man erkennt das auch an der Vielzahl spanischer Yachten in den Marinas.

Die spanische und ausländische Produktionsstruktur hat sich der „Euro-phorie España“ angepaßt, um der wachsenden Nachfrage nach Konsumgütern gerecht zu werden. Auch in den kulturellen und wissenschaftlichen Bereichen hat Spanien in den letzten Jahrzehnten eine beachtliche Dynamik entwickelt.

Die zukünftige Berichterstattung wird über Spanien und speziell über Katalonien zwei Bilder aufzeigen: die moderne, emanzipierte Industrienation und das traditionelle Urlaubsparadies, in dem Sonne, Sand und Sangría den Tagesablauf bestimmen. Die Wahrheit wird zwischen den beiden Extremen liegen.

Der Sportschiffer in den Küstengewässern der Costa Brava ist von den negativen Auswirkungen der Industrialisierung und vom Massentourismus nicht allzusehr betroffen; die einsamen Ankerbuchten und die komfortablen Marinas bieten immer noch den Freiraum, der für die Erholung so wichtig ist. Auch die zunehmende Katalanisierung der Sprache verunsichert den Spanisch sprechenden Sportschiffer nur am Rande; Gäste des Landes, und dazu zählen auch die Spanier, kommen im täglichen Leben mit dem offiziellen Spanisch über die Runden. Die Katalanen erwarten allerdings, daß alle fremden Segler und Motorbootfahrer, und dazu zählen wiederum die Spanier, die katalanische Gastlandflagge mit den vier roten Streifen auf gelbem Grund fahren.

Die katalanische Küste ist rund 500 km lang und wird geprägt von dem wildromantischen Teil der Costa Brava im Norden, wo die Stürme über Jahrtausende die steil ins Wasser abfallenden Felsen bizarr geformt haben, und dem harmonischen und lieblichen Teil mit den kilometerlangen Sandstränden der Costa del Maresme und der Costa Dorada weiter im Süden. Dazwischen liegen hinter Felsen versteckt malerische Buchten und Calas, zu denen kein Landweg führt, ideale Ankerplätze, umgeben von einem einzigartigen Panorama.

Küstenabschnitte wie die Costa Brava, die sich von der französischen Grenze bis Blanes erstreckt, sind stark gegliedert und malerisch schön. Besonders hier findet man geschützte Buchten mit sauberen Sandstränden und klarem Wasser, Buchten, wo die mediterrane Vegetation bis ans Wasser reicht. Einzelne Landstriche sind in ihrer Ursprünglichkeit fast erhalten geblieben. Die bunten Fischerdörfer mit eigener Prägung über die Jahrhunderte stehen allerdings im krassen Gegensatz zu dem Landschaftsbild entlang der Touristenzentren, wo Natur und Landschaft durch die Betonmischer derart verändert wurden, daß heute auf das Land Extrembelastungen zukommen, die in ihrer Gesamtheit für alle Beteiligten mehr Nachteile als Vorteile enthalten.

Weiter nach Süden hat hemmungslose Bauwut bereits zur Zersiedelung einiger Küstenabschnitte geführt; dicht an dicht entstanden Bettensilos, wo auf engstem Raum das Heer der Pauschaltouristen untergebracht ist. Die Regierung hat die Problematik erkannt und zur Rettung der Küste 1988 ein Küstenschutzgesetz verabschiedet, das u. a. die Bebauung im 100-m-Abstand zum Meer und die direkte Abwassereinleitung verbietet.

Die Häfen und Marinas entlang der Costa Brava wurden in den vergangenen Jahren weiter ausgebaut und modernisiert, die Versorgungsmöglichkeiten (Treibstoff, Wasser, Lebensmittel) sind sehr gut. Übersichtspläne bei der Beschreibung der einzelnen Küstenabschnitte erleichtern das rasche Auffinden der Häfen und Ankerplätze. Die Ortsbezeichnungen in den Plänen wurden den amtlichen spanischen Unterlagen entnommen; sie weichen möglicherweise von der katalanischen Bezeichnung oder Schreibweise ab. Auch in

französischem und deutschem Kartenmaterial findet man eine unterschiedliche Schreibweise der Ortsnamen.
Besondere Wachsamkeit erfordern die Windverhältnisse im Nordteil der Costa Brava. Der **Tramontana,** ein kalter Nordwestwind, erreicht manchmal innerhalb einer Stunde Sturmstärke, begleitet von einem chaotischen Seegang. Ein Fluchtkurs zu einem sicheren Hafen in südlicher Richtung sollte besonders in den Übergangsmonaten von vornherein im Törnplan berücksichtigt werden (Einzelheiten im Kapitel „Klima und Windverhältnisse").

Dieses Buch erhebt keinen Anspruch auf Vollständigkeit; es soll vielmehr eine ergänzende Information zu den amtlichen nautischen Unterlagen darstellen.

Einreisebestimmungen

Allgemeines

Erfolgt die Anreise mit dem Auto, benötigt man für die etwa 1000 km von der deutschen Grenze bis zur Costa Brava ein bis zwei Tage, je nach Verkehrsdichte und Fahrtroute, die man in den sonnigen Süden wählt. Besonders wenn man einen Trailer hinter sich herzieht, muß die Reise gut vorbereitet werden.

Wer sein Boot über Land an die Costa Brava bringt, sollte das Kranen möglichst in ihrem südlichen Teil einplanen und den Törn von Süd nach Nord machen; das gilt für Segelyachten und Motorboote gleichermaßen. Man fährt dann von einer windschwächeren in eine windstärkere Region, die Eingewöhnung auf dem Boot ist leichter, und man kommt aufgrund der besseren Windverhältnisse wieder pünktlich zum Ausgangshafen zurück.

Die Küstenstraße von Port-Vendres in die südlichen Gebiete ist zwar landschaftlich sehr reizvoll, aber besonders in den Ferienmonaten nichts für ein Trailergespann. Die Geschäftsstellen des Allgemeinen Deutschen Automobil-Clubs e. V. (ADAC) erteilen Auskunft über Fahrtrouten und deren Besonderheiten. Bei Reisen mit dem Auto an die Mittelmeerküste ist die Mitgliedschaft im ADAC mit all den Leistungen für Unvorhersehbares äußerst zweckmäßig, und die Sache ist es wert.

Paß- und Visabestimmungen

Für Touristen mit Wohnsitz in der EG reicht für die Einreise ein gültiger Personalausweis; vom Gesetz her benötigt man bei einer Aufenthaltsdauer von mehr als drei Monaten einen Reisepaß und ein Visum vom spanischen Konsulat. Kontrollen an den Grenzen finden allerdings kaum noch statt.

Bootseinfuhr und Schiffspapiere

Schiffspapiere – ein Reizwort für jeden, der sich schon mal durch den europäischen Vorschriftendschungel gekämpft hat.

Um die Situation in Europa zu vereinfachen, wurde 1975 auf UN-Ebene beschlossen, den Internationalen Bootsschein für Wassersportfahrzeuge (IBS) einzuführen, ein in ganz Europa gültiges einheitliches Bootsdokument. Ausgestellt wird dieses Bootsdokument vom ADAC, vom DSV und vom DMYV, als Nachfolger für das international kaum anerkannte Verbandszertifikat.

Mit dem Zusammenschluß des Deutschen Hydrographischen Instituts (DHI) und des Bundesamts für Schiffsvermessung (BAS) zu dem neuen Bundesamt für Seeschiffahrt und Hydrographie (BSH) wurde gleichzeitig der Flaggenausweis für Sportboote bis 15 m Länge, definiert als Rechtslagebescheinigung, in einen amtlichen Ausweis für Seeschiffe umgewandelt; neuer Name: Flaggenzertifikat, mit gleichzeitiger Eintragung in das BSH-eigene Flaggenregister.

Für Schiffe über 15 m Länge gibt es natürlich immer noch die Eintragung in ein deutsches Schiffsregister mit dem Schiffszertifikat als amtlicher Ausweis.

Beide Zertifikate stellt das Bundesamt für Seeschiffahrt und Hydrographie in Hamburg aus, gegen Vorlage der erforderlichen Unterlagen und Zahlung der entsprechenden Gebühren.

Will man die spanischen Gewässer der Costa Brava mit dem eigenen Boot erkunden, so sind folgende Bootspapiere und Formalitäten erforderlich:

– Bringt man sein Boot auf dem Landweg nach Spanien, reicht der Internationale Bootsschein aus. Damit ist man berechtigt, die französische Grenze mit dem Trailer zu passieren, in Spanien mit dem Boot einzureisen und die spanischen Hoheitsgewässer zu befahren.

- Trailerboote bis zu einer Länge von 5,5 m unterliegen keinen Zollformalitäten, sie müssen nur beim Hafenamt (Comandancia de Marina) angemeldet werden. Für größere Trailerboote gelten allerdings die internationalen Bestimmungen.
- Schiffe, die auf eigenem Kiel Spanien anlaufen, müssen beim Zollamt (Aduana) und bei der Polizei (Guardia Civil) angemeldet werden, wo auch die Einklarierungspapiere ausgestellt werden. Das ist die Vorschrift. In der Praxis gestaltet sich die Einklarierungsprozedur erheblich einfacher: Außerhalb der Siestazeit bringt der Hafenmeister oder ein Beamter der Guardia Civil das Transitformular nach dem Festmachen ans Schiff. Ausgefüllt und vom Schiffsführer unterschrieben, wird es zusammen mit den Schiffs- und Ausweispapieren der gesamten Crew wieder beim Hafenmeister vorgelegt. Als Schiffspapiere werden anerkannt der Internationale Bootsschein, das Flaggen- oder Schiffszertifikat. Danach wird die Liegegebühr festgesetzt.
- Komplizierter wird es nur, wenn man auf dem Seeweg über Frankreich einreist, weil zum Befahren der französischen Küstengewässer das Flaggenzertifikat bzw. bei Schiffen über 15 m Länge das Schiffszertifikat, und zwar im Original, unbedingt erforderlich ist.

Zollfreie Aufenthaltsdauer

Ein vorübergehend nach Spanien eingeführtes Wassersportfahrzeug kann innerhalb eines Kalenderjahres 6 Monate zoll- und abgabefrei genutzt werden. Soll das Boot über diesen Zeitraum hinaus in Spanien verbleiben, ist ein Antrag auf Aufenthaltsverlängerung an die Dirección General de Aduana, Guzman el bueno 125, Madrid 3, oder an das zuständige Hauptzollamt, für die Costa Brava Barcelona, zu richten. Nähere Auskünfte erteilt die Dirección General de Aduana in Madrid oder die Abteilung Sportschiffahrt des ADAC in München.

Vorübergehend eingeführte Wassersportfahrzeuge dürfen in spanischen Gewässern nur vom Eigner und dessen Familie privat genutzt werden. Eine Benutzung für gewerbliche oder ähnliche Zwecke und das Verchartern sind nicht erlaubt.

Führerscheinbestimmungen

Das Fahren von Klein- und Schlauchbooten mit Außenbordmotoren bis 9 PS (= 4 Steuer-PS) ist ohne Befähigungszeugnis erlaubt.

Im übrigen aber müssen ausländische Bootsfahrer das nautische Befähigungszeugnis besitzen, das in ihrem Heimatland zum Befahren vergleichbarer Gewässer vorgeschrieben ist. Das ist für deutsche Sportbootfahrer der amtliche Sportbootführerschein See. Es gilt auch ein gleichbedeutender, in einem anderen Land erworbener nautischer Führerschein.

Sicherheitsbestimmungen

Für seegängige Yachten bestehen in Spanien, genau wie in Deutschland, keine einschlägigen gesetzlichen Bestimmungen.

Folgende Sicherheitsausrüstung ist in meinen Augen das Minimum für Fahrtenyachten im küstennahen Bereich:

1 Rettungsweste für jede an Bord befindliche Person, Handfackeln (rot), Fallschirmraketen (rot), Feuerlöscher. Signalflaggen N und C, Kompaß, Seekarten, Schlauchboot, Taschenlampe, Verbandskasten.

Sonstiges

Die Waffenbesitzkarte für die Signalpistole sollte im Original mitgeführt werden.

Jeder Vorfall, der im Zusammenhang mit einer Havarie oder einem Unfall steht, muß unverzüglich der nächsten Hafenbehörde gemeldet werden.

Klima und Windverhältnisse

Nachfolgende Informationen basieren auf amtlichen Unterlagen sowie auf Meß- und Erfahrungswerten, die ich in den letzten Jahren an Bord gesammelt habe.

Klima

Eine Eigentümlichkeit des Mittelmeerklimas, die sich aus der Vielfalt der Klimate, der Topographie und dem jahreszeitlichen Wechsel erklärt, ist die große Zahl der lokalen Winde. Die Klimawerte für die nördliche Costa Brava sind in ihrem Temperaturverlauf atypisch für den größten Teil der Küsten des westlichen Mittelmeeres.
Im Vergleich zu Valencia und den Balearen fallen im Winter hier die niedrigen Temperaturminima auf, die besonders durch die kalte Bergluft von den Pyrenäen bedingt sind. Der mittlere monatliche Schwankungsbereich der Lufttemperatur am Boden, der Wassertemperatur und der Regentage ist in den folgenden Grafiken zusammengefaßt.

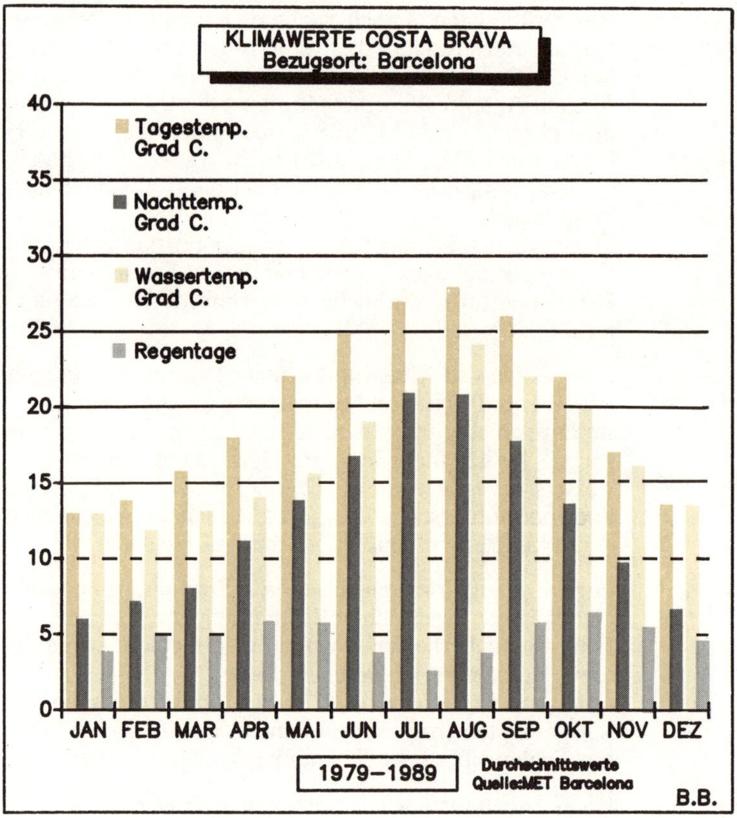

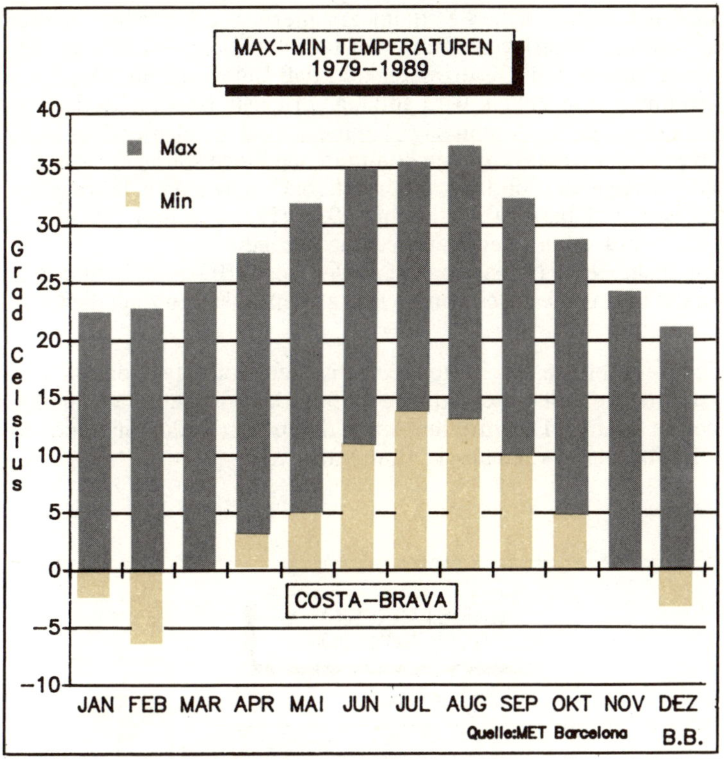
MAX–MIN TEMPERATUREN
1979–1989
Max
Min
Grad Celsius
40
35
30
25
20
15
10
5
0
–5
–10
COSTA–BRAVA
JAN FEB MAR APR MAI JUN JUL AUG SEP OKT NOV DEZ
Quelle:MET Barcelona
B.B.

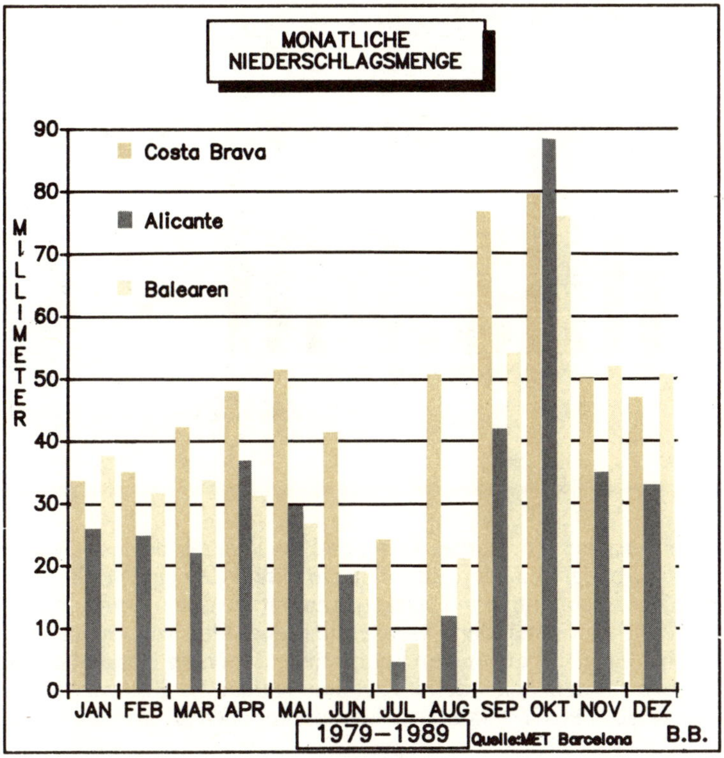
MONATLICHE
NIEDERSCHLAGSMENGE
Costa Brava
Alicante
Balearen
MILLIMETER
90
80
70
60
50
40
30
20
10
0
JAN FEB MAR APR MAI JUN JUL AUG SEP OKT NOV DEZ
1979–1989
Quelle:MET Barcelona
B.B.

Der **Luftdruck** im westlichen Mittelmeer unterliegt erheblichen Schwankungen, bei ruhigen Wetterlagen beträgt der tägliche Gang 1–2 hPa mit den Maxima gegen Mittag. Die Gesetzmäßigkeit, daß Luftdruck und Wind in direktem Zusammenhang stehen, wird entlang der Costa Brava teilweise ausgehebelt; besonders bei Tramontanalage kann es bei gleichbleibendem Luftdruck selbst im Sommer zu Starkwinden kommen, die Sturmstärke erreichen.
Die **Niederschläge,** die von Jahr zu Jahr erheblich schwanken, betrugen im Jahresmittel von 1931 bis 1980 538,6 mm, 1986 459,3 mm und 1987 970,2 mm. Diese Werte sind auf die Region Barcelona bezogen.
Die monatliche Niederschlagsmenge an der Costa Brava im Vergleich zu Alicante an der Südostküste des Landes und zu den Balearen zeigt die Grafik auf Seite 13 unten.

Windverhältnisse (regionale Winde)

Von allen Seegebieten des Mittelmeeres ist der Golfe du Lion am stärksten sturmgefährdet (die durchschnittliche monatliche Windstärke veranschaulicht die folgende Grafik). Den größten Anteil daran hat der dominierende Mistral (spanisch: Maestrale, katalanisch: Tramontana).

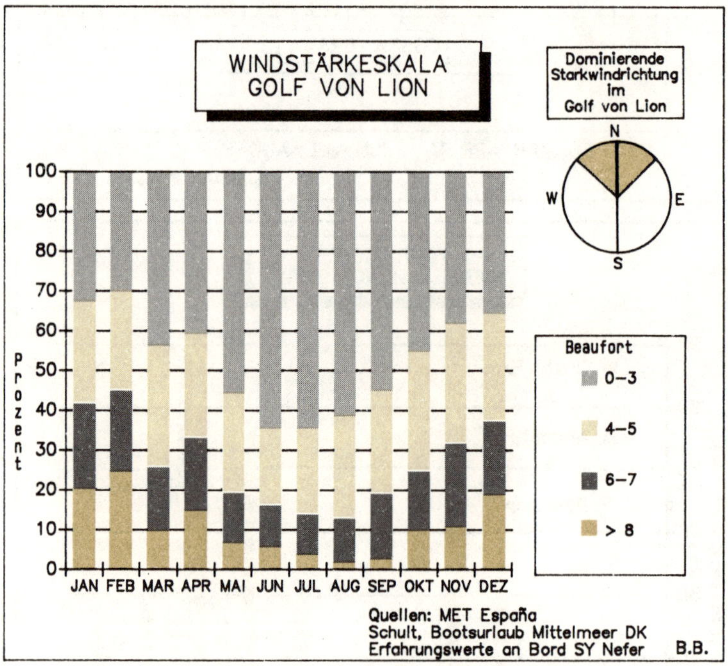

Tramontana

Der Tramontana, ein sehr starker, kalter und trockener Wind aus NW bis N, erreicht je nach Topographie der Küstenlinie in kurzer Zeit eine Stärke von 8 Bft und mehr. Zur Ausbildung eines starken Tramontana ist ein Druckunterschied von etwa 15 hPa zwischen den Pyrenäen und dem Golf von Genua erforderlich. Bei Mistrallage liegt über dem Ligurischen Meer oder Norditalien ein Tief und ein Hoch auf dem Atlantik mit Keilbildung über der Biskaya (Abb. Seite 15). Wenn sich das Hoch stärker ausbildet, nimmt auch die Windstärke zu.

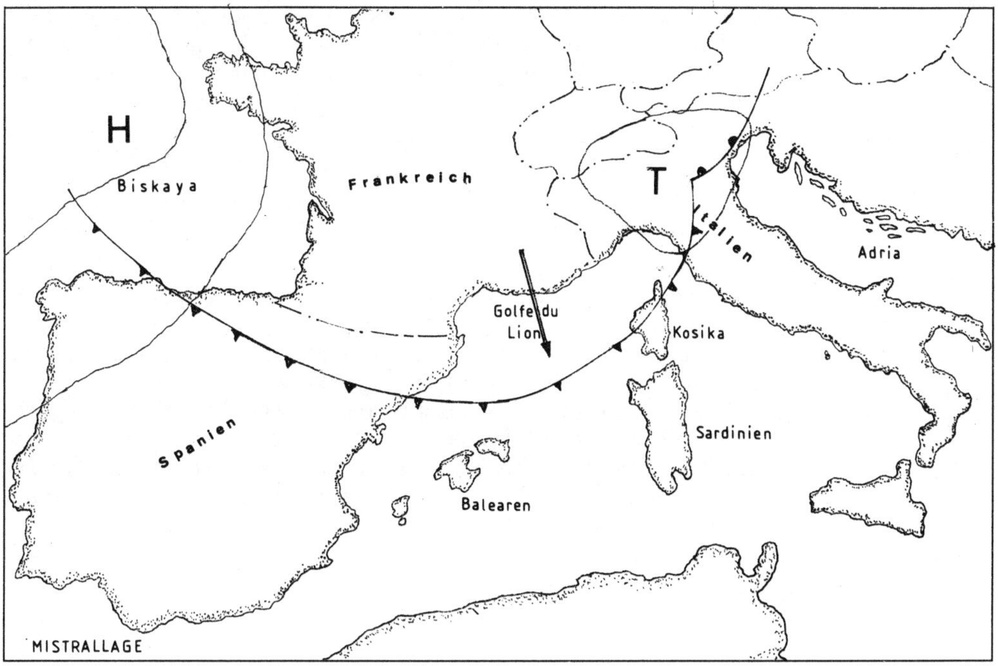

Im Wetterverlauf stößt Kaltluft durch das Rhônetal nach Süden vor, die Pyrenäen und der westliche Teil der Alpen bilden einen Trichter, so daß im nördlichen Teil der Costa Brava der Tramontana mehr aus NW kommt.
Entlang der Küste können ohne Vorwarnung Führungseffekte wie z. B. Täler eine Zunahme der Windgeschwindigkeit verursachen und unberechenbare Windströmungen in Form von Fallböen auftreten.
Warnung: Die größten Gefahren für die Sportschiffahrt im nördlichen Teil der Costa Brava sind das plötzliche Einsetzen des Tramontana aus NW bis N und der auf die Küste zurollende Seegang. Port de la Selva und die neue Marina Llançà sind dann die einzigen relativ sicheren Schutzhäfen auf dem Streckenabschnitt zwischen Port-Vendres und Cabo Creus.
Auf dem Fluchtkurs nach Süden kann der chaotische Seegang vor Cabo Creus Fahrtenyachten nochmals gefährlich werden. Der Oberflächenstrom setzt hier je nach Fetch mit 1–2 kn in S- bis SE-Richtungen.
An der südlichen Costa Brava weht der Tramontana ablandig aus NW, und die Windsee ist auch im küstennahen Bereich kurz und ruppig. Sichere Fluchthäfen auf dem Streckenabschnitt sind Estartit, Palamós und Puerto de San Feliú de Guixols. Wegen des später einsetzenden Schwells, der auf die Küste zuläuft, halte ich Puerto de Palamós – auch zum Einlaufen – für den sichersten Hafen.
Weiter nach Süden verliert der Tramontana an Stärke.

Ostwinde (Levanto)

Das Gegenteil zum kalten Mistral ist der feuchtwarme Levanto. Er kommt aus südöstlichen bis östlichen Richtungen und kündigt sich durch frühzeitig fallendes Barometer, schlechte Sicht, zuziehenden Himmel und Dünung an. Bei diesen Anzeichen empfiehlt es sich, den Ankerplatz zu verlassen und in einen sicheren Hafen zu verholen, denn spätestens drei Stunden nach Einsetzen des Schwells fängt es an zu blasen, und dann wird die Einsteuerung in einige Häfen gefährlich.

Wasserstand

Gezeiten sind in den Häfen und Ankerbuchten der Costa Brava kaum feststellbar. In den Monaten Juli und August kommt es bei gutem Wetter und auflandigen Winden besonders im südlichen Teil gelegentlich zu Wasserstandsänderungen, die in einigen Häfen bis zu 0,5 m betragen können.
Diese Naturerscheinungen werden fast immer bei schlechter Kimm beobachtet, und gewöhnlich folgt eine Schlechtwetterperiode.
In diesem Zusammenhang treten im Hafen und besonders in der Einfahrt starke Wechselströmungen auf, die bei der Navigation im Hafenbereich unberechenbar sind.

Wetterbeurteilung

Auch was das Wetter anbetrifft, ist das westliche Mittelmeer voller Gegensätze und besonders im „Löwengolf“ und den angrenzenden Küstengebieten heimtückisch.
Zur guten Seemannschaft gehören auch in den Sommermonaten eine tägliche Wetterbeurteilung und das Abhören der Seewetterberichte.
Das lokale Wetter ist von Bord aus relativ gut vorausberechenbar. Der Ablauf der augenblicklichen Prozesse in der Atmosphäre läßt sich anhand der Barometerbewegung und der Wolkenbilder für 24 Stunden gut einschätzen. Starker Wind kündigt sich durch Dünung und später Seegang an.

Cirrus

Ein alter Seemannsspruch sagt: „Cirren und Frauen, denen soll man nicht trauen!“ Das mag mehr für den Norden zutreffen, im Mittelmeer ist alles anders.
In meiner langjährigen Segelpraxis in den Gewässern um die Balearen und im Bereich der spanischen Festlandsküste habe ich festgestellt, daß diese Erscheinungsform der Wolken auf eine stabile Hochdrucklage hindeutet und das Wetter für 24 Stunden konstant bleibt.

Cirrostratus

Wenn das Cirruswolkenbild grau und bedrohlich wird, schlägt das Wetter nach wenigen Stunden um, und es folgen Regen und Wind. Vorher wird der Wetterumschwung vom Barometer durch einen gleichmäßigen Druckabfall angekündigt.

Cumulus

Der Wetterablauf im westlichen Mittelmeer ist nach diesen Wolkenbildern sehr schwer abzuschätzen. Bei wohlgeformten Haufenwolken bis 3000 m Höhe bleibt das Wetter in der Regel stabil, oft verschwinden sie am Nachmittag bei starker Sonneneinstrahlung. Bilden sich Cumuli im Laufe des Tages weiter aus und entwickeln sie in großer Höhe einen „Amboß“, lassen Gewitter und Wind nicht lange auf sich warten.

Sonnenbild

Schlechtwetterboten sind auch die Halo-Ringe um die Sonne. Ausgangslage ist immer eine Schönwetterperiode bei fast wolkenlosem Himmel. Diese Halo-Erscheinung kündigt den Aufzug eines Tiefs an. In dem Maße, wie der Luftdruck fällt, nimmt der Wind an Stärke zu.

Strahlend blauer Himmel und frischer Wind aus Nord bis Nordwest bei gleichbleibendem Luftdruck bedeuten in den meisten Fällen Tramontanalage, Achtung!
In dem Buch „Wolken und Wetter“ von Dieter Karnetzki sind die Wolkenbilder farblich gut dargestellt, Wetterentstehungsmechanismen und Wetterbeurteilung sind vorzüglich und in klarer Form beschrieben. Ein Buch für den alltäglichen Bordgebrauch!

Wetterberichte und Seewettervorhersagen

Mit dem Abhören des Seewetterberichtes ist es oft wie in der Ehe: Entweder es klappt, oder es klappt nicht. Da hat man nun die wichtigsten Begriffe in französisch und spanisch auswendig gelernt, und dann stimmen die angegebenen Sendezeiten nicht, oder der Empfang ist miserabel. Zurück bleiben Frust und Unsicherheit.

Die Rundfunkanstalten, dazu gehört auch die Deutsche Welle, ändern die Sendezeiten fast jede Saison, wofür der Segler oder Motorbootfahrer wenig Verständnis aufbringt, wenn der Zeitdruck im Nacken sitzt oder bei Seegang die Sendung in der Kajüte abgewartet werden muß. Die Frequenzen und Zeiten in der Tabelle „Wetterinformationen" auf Seite 19 entsprechen zwar dem aktuellen Stand bei der Drucklegung dieses Buches, können sich aber ein Jahr später geändert haben. Maßgeblich ist deshalb der jeweils aktuelle „Jachtfunkdienst Mittelmeer" (siehe Seite 23).

Marseille Radio sendet auf 1906 kHz nach meinen Erfahrungen die besten Seewetterberichte mit der größten Trefferquote für den Golfe du Lion und das Gebiet der Costa Brava. Bei Sprachschwierigkeiten sollte man besser den Seewetterbericht der Deutschen Welle abhören, der einen ausgezeichneten Überblick über die Großwetterlage vermittelt (Formblatt am Ende dieses Buches).

Wetterinformationen

Rundfunksender	*Frequenz*	*Zeit (UTC)*	*Zone/Inhalt**
Seewetterberichte in deutscher Sprache			
Deutsche Welle	6075, 9545 kHz	Mo–Fr 1750–1800	Mittelmeer
		Sa 1735–1745	Wetterlage,
(im Rahmen des Reisejournals)		So 1710–1715	Vorhersage 24 h
Österreichischer Rundfunk (ORF)	6155, 13740 kHz	Mo–Sa 0530 Mo–So 1010	Übs, Vs, Statm, Reiseservice
Seewetterberichte in französischer Sprache			
France Inter	162 kHz	0445/1803	Golfe du Lion
Radio Monte Carlo	218 kHz	0700/1800	Übs, Vs,
Marseille	1906 kHz (SSB)	0103/0705 1220/1615	Golfe du Lion, Costa Brava
Seewetterberichte in spanischer Sprache			
Radio Nacional de España (Barcelona)	738 kHz	0800/1100 1500/1900	Übs, Vs, 12 h Sturmwarnung

Für das Übersegeln nach Mallorca empfehle ich, zusätzlich die Tel.-Nr. 403600 auf Mallorca anzurufen (Bandansage der Wind- und Seeverhältnisse zwischen der Costa Brava und den Balearen)

Küstenfunkstation	*Kanal*	*Zeit*	*Zone/Inhalt**
Marseille	UKW-Kanal 26	0433/0933	Übs, Vs, 12 h
Agde (CROSS)[1])	UKW-Kanal 09	0630/1615	Camargue bis Cap Cerbère
Cabo Bagur	UKW-Kanal 28	0703/1403	Küstengewässer von Cabo de Tossa bis Port-Vendres
Yachtclub 77[2]) (Privatsender Ampuriabrava)	UKW-Kanal 72	0715	Küstengewässer der Costa Brava

[1]) kann bis Blanes empfangen werden
[2]) sendete im Sommer 1990 in deutscher und spanischer Sprache

* Übs = Übersicht, Vs = Vorhersage, Statm = Stationsmeldungen

Begriffe in französischen und spanischen Seewetterberichten

Windstärke nach Beaufort	kn	km/h	deutsch: Windstärke	französisch: Force du Vent	spanisch: Fuerza del Viento
0	0	0	still	calm (oder nul)	calma
1	1– 3	1– 5	leiser Zug	très léger	ventolina
2	4– 6	6– 11	leichte Brise	léger	brisa débil, flojito
3	7–10	12– 19	schwache Brise	faible	brisa débil, flojo
4	11–15	20– 28	mäßige Brise	modéré	brisa moderata
5	16–21	29– 38	frische Brise	assez fort	brisa fresquita
6	22–27	39– 49	starker Wind	fort	brisa fuerto, fresco
7	28–33	50– 61	steifer Wind	très fort	viento fuerte
8	34–40	62– 74	stürmischer Wind	violent	viento duro
9	41–47	75– 88	Sturm	très violent	viento muy duro
10	48–55	89–102	schwerer Sturm	tempête	temporal fuerte
11	56–63	103–117	orkanartiger Sturm	forte tempête	temporal huracanado

Seegang nach Petersen	Wellenhöhe (m)	Seegang	Etat de la Mer	Estado del Mar
0	0	ruhige, spiegelglatte See	calme mer d'huile	calma
1	0,1	ruhige, gekräuselte See	calme, ridée	mar rizada
2	0,5	schwach bewegte See	belle	marejadilla
3	0,5–1,5	leicht bewegte See	peu agitée	marejada
4	1,5–2,5	mäßig bewegte See	agitée	fuerte marejada
5	2,5–4	grobe See	forte	mar gruesa
6	4–6	sehr grobe See	très forte	mar muy gruesa
7	6–9	hohe See	grosse	mar arbolada
8	9–14	sehr hohe See	très grosse	mar montañosa
9	>14	außergewöhnliche schwere See	énorme oder exceptionelle	mar enorme

Küstenfunkstellen Costa Brava – Barcelona

Station	Frequenz	Kanäle	Sammelruf		Position
Bagur Radio	kHz 1740	UKW 16, 23, 26, 27, 28	K28	0233, 0633, 0833 1233, 1633, 1833	41°48′N 003°13′E
Marmella Radio		UKW 23, 25, 26, 27	K26	Zeiten wie Bagur Radio	41°21′N 001°32′E
Barcelona Radio	1730	UKW 16, 04, 25, 26, 27	K27	Zeiten wie Bagur Radio	41°17′N 001°54′E

A = Alfa (Alfa)	H = Hotel (Hotell)	O = Oscar (Osskar)	V = Victor (Wicktor)
B = Bravo (Brawo)	I = India (India)	P = Papa (Papah)	W = Whisky (Wisski)
C = Charlie (Tschali)	J = Juliett (Juliett)	Q = Quebec (Kibeck)	X = X-ray (Exreh)
D = Delta (Delta)	K = Kilo (Kilo)	R = Romeo (Romio)	Y = Yankee (Jenki)
E = Echo (Ekko)	L = Lima (Lima)	S = Sierra (Ssierra)	Z = Zulu (Suluh)
F = Foxtrott (Foxtrott)	M = Mike (Meik)	T = Tango (Tango)	
G = Golf (Golf)	N = November (November)	U = Uniform (Juniform)	

Navigation

Die terrestrische Navigation in den Küstengewässern der Costa Brava ist einfach; bei Tag stehen entlang der charakteristischen Küste oft unverwechselbare Peilpunkte und künstliche Landmarken zur Verfügung. Trotzdem sollten Kurs, Loggeorte und Standorte durch Peilungen in die Karte eingetragen werden.
Ich selbst habe mehrmals erlebt, daß durch plötzlich aufziehenden Nebel im April/Mai und starke Dunstbildung im Juli/August die Küste im Abstand von 500 m nicht mehr zu erkennen war; dann ist man über jede genaue Eintragung in der Karte zum Weiternavigieren heilfroh.
Nachts orientiert man sich nach den wichtigsten Leuchtfeuern, deren Standorte und Kennungen in den Plänen eingetragen sind. Doch auch die Kennungen unterliegen Änderungen. Deshalb ist das aktuelle Leuchtfeuerverzeichnis (siehe Seite 23) unentbehrlich. Bei Nacht kann die Sichtweite durch Dunstbildung ebenfalls stark vermindert sein.
Sind keine modernen Navigationscomputer und Radar an Bord, ist auch das Echolot ein wichtiges Hilfsmittel bei der Schiffsortbestimmung. Im April 1989 wurde ich bei Cabo Creus von Nebel überrascht, und vom Ort der letzten Kreuzpeilung navigierte ich bei weniger als 50 m Sicht auf Tiefenlinien in die Bucht von Cadaqués.
Zur guten Seemannschaft gehört auch, daß man sich vor dem Tagesschlag anhand der zur Verfügung stehenden Unterlagen informiert, welche sicheren Ankerplätze und Häfen an der Kurslinie liegen, die bei Wetterumschwung ausreichend Schutz bieten; das gilt auch für Häfen und Marinas mit kritischen Einsteuerungen wie z. B. Santa Margarita.
Tonnen sind entlang der Costa Brava und in den Häfen – außer Barcelona – so gut wie keine ausgelegt. Auch gefährliche Untiefen – außer Einsteuerung Palamós – sind nicht markiert.
Um die Tagesetappen überschlägig errechnen zu können, ist auf der nächsten Seite eine Entfernungstabelle abgedruckt, ausgehend von Port-Vendres bis hin nach Barcelona. Die Entfernungen sind in (abgerundeten) Seemeilen angegeben.

Entfernungstabelle Costa Brava*

	C. N. Colera	C. N. Llançà	Port de la Selva	Cala Culip	CABO CREUS	Port Lligat	Cadaqués	Rosas	Sta. Margarita	Ampuriabrava	C. N. Escala	C. N. Estartit	C. N. Llafranc	Palamós	C. N. Aro	San Feliú	Tossa de Mar	C. N. Blanes	C. N. Arenys	C. N. Balís	Premià de Mar	El Masnou	Barcelona	Port Ginesta
Port-Vendres	9	11	13	15	16	18	20	27	28	28	31	33	43	48	52	54	60	67	81	84	92	95	106	121
C. N. Colera		2	5	8	9	11	13	20	21	21	24	26	36	41	45	47	53	60	74	77	85	88	99	114
C. N. Llançà			3	7	8	10	12	19	20	20	23	25	35	40	44	46	52	59	73	76	84	87	98	113
Port de la Selva				6	7	9	11	18	19	19	22	24	34	39	43	45	51	58	72	75	83	86	97	112
Cala Culip					1	3	5	12	13	13	16	18	29	34	38	40	46	53	67	70	78	81	92	107
CABO CREUS						2	4	11	12	12	15	17	28	33	37	39	45	52	66	69	77	80	91	106
Port Lligat							2	9	10	10	13	16	26	31	35	37	43	50	64	67	75	78	89	104
Cadaqués								8	10	10	12	15	25	30	34	36	42	49	63	66	74	77	88	103
Rosas									1	2	8	13	24	29	33	35	41	48	62	65	73	76	87	102
Sta. Margarita										1	9	14	25	30	34	36	42	49	63	66	74	77	88	103
Ampuriabrava											8	13	24	29	33	35	41	48	62	65	73	76	87	102
C. N. Escala												7	18	23	27	29	35	42	56	59	67	70	81	96
C. N. Estartit													11	17	21	23	29	36	50	53	61	64	75	90
C. N. Llafranc														5	9	11	17	24	38	41	49	52	63	78
Palamós															4	6	12	19	33	36	44	47	58	73
C. N. Aro																2	8	15	29	32	40	43	54	69
San Feliú																	6	13	27	30	38	41	52	67
Tossa de Mar																		7	21	24	32	35	46	61
C. N. Blanes																			14	17	25	28	39	54
C. N. Arenys																				3	11	14	25	40
C. N. Balís																					8	11	22	37
Premià de Mar																						3	14	29
El Masnou																							11	26
Barcelona																								15

* Entfernungen in Seemeilen (abgerundet)

Seekarten und nautische Literatur

Seekarten

Die spanischen und deutschen Seekarten sind weniger detailgenau und hinken den Bedürfnissen der Sportschiffahrt hinterher. Die spanischen Seekarten sind zwar farblich gut gestaltet, aber man kann es offen aussprechen: Auf die Karten ist kein Verlaß, was Berichtigungen anbetrifft.
Die deutschen Seekarten 593 und 492 sollten als Ergänzung zu detailliertem Kartenmaterial zusätzlich an Bord sein.
Die französischen Sportbootkarten enthalten eine Vielzahl von Zusatzinformationen und Hinweise und sind vom Maßstab her ideal.

Die für das Gebiet der Costa Brava empfohlenen Seekarten:

Gebiet	*Seekarte*	*Maßstab*	*Institut*
Cap Creus bis Las Medas	1248	1: 50000	Carte Française
Banyuls bis L'Estartit	E03	1: 50000	E.C.M.
L'Estartit bis Tossa	E04	1: 50000	E.C.M.
Tossa bis Barcelona	E05	1: 50000	E.C.M.
Meda Grande bis Cap Leucate	593	1:100000	BSH
Cabo Tortosa bis Meda Grande	492	1:250000	BSH
Häfen und Ankerplätze an der spanischen Mittelmeerküste (nur Pläne)	515	verschiedene	BSH

Seebücher

- Mittelmeer-Handbuch, I. Teil (BSH-Nr. 2027);
- Robin Brandon: East Spain Pilot, Costas del Azahar, Dorada and Brava;
- Verzeichnis der Leuchtfeuer und Signalstellen, Teil V: Mittelmeer und Schwarzes Meer (BSH-Nr. 2105);
- Jachtfunkdienst Mittelmeer (BSH-Nr. 2159).

Wetter

- Regionale Windsysteme im Mittelmeer (Seewetteramt Hamburg);
- Dieter Karnetzki: Wolken und Wetter (Delius Klasing).

Vertriebsstellen

- Bade und Hornig GmbH, Deutsches Seekarten-Berichtigungsinstitut, Stubbenhuk 10, 2000 Hamburg 11, Tel. 040/364587/88;
- Eckardt & Messtorff GmbH, Rödingsmarkt 16, 2000 Hamburg 11, Tel. 040/371334;
- Radtke & Sohn, Hohenkamp 30, 2000 Hamburg 73, Tel. 040/6472250;
- Nautischer Dienst, Kapitän Stegmann & Co., Maklerstr. 8, 2300 Kiel 17, Tel. 0431/331772;
- „Seekarte", Kapitän A. Dammeyer, Korffsdeich 3, 2800 Bremen 1, Tel. 0421/395051/52;
- Nauticon Handels-GmbH, Kaiserin-Augusta-Allee 40, 1000 Berlin 10, Tel. 030/3448090;
- COC KG Cockpit, Hohe Str. 48, 4000 Düsseldorf 1, Tel. 0211/131314;
- Schiffsversorgung Rostock GmbH, Überseehafen, 0-2540 Rostock 40, Tel. 003781/3663 1600;
- Verlag Rheinschiffahrt, Sperberstraße 25, 6232 Bad Soden, Tel. 06196/28866;
- Freytag-Bernd und Artaria, Kohlmarkt 9, A-1010 Wien, Tel. 0222/5332094, W.-Greil-Str. 15, A-6020 Innsbruck, Tel. 05222/25130;
- CUMULUS/S. Ragoni, Hauptstr. 84, CH-5042 Hirschthal, Tel. 064/813562.

Anker- und Festmachemöglichkeiten

Als ich 1979 das erste Mal von Frankreich kommend mit meinem damals 6,5 m langen Boot entlang der Costa Brava segelte und von Palamós den „Sprung" nach Mallorca wagte, gab es auf dem gesamten Streckenabschnitt selbst während der Sommermonate keine Liegeplatzprobleme, weder in den Marinas noch an den Handelsmolen in den Fischerhäfen. Heute sind die Marinas und Häfen überfüllt.

Marinas

Die Costa Brava verfügt über eine Kette gut ausgebauter Marinas (Club Nàutics) mit allen Service-Einrichtungen für Motor- und Segelyachten, teilweise mit Stellmöglichkeiten an Land, wo auch im Winter eine sichere Lagerung und Betreuung gewährleistet ist.
Mit dem rasanten Anstieg von Yachten unter spanischer Flagge hat sich die Situation in den Marinas in den letzten fünf Jahren grundlegend verändert, besonders in den Ferienmonaten Juli/August sind die Liegeplätze zum Übernachten äußerst knapp. Der größte Teil (etwa 85 Prozent) der Liegeplatzkapazität wird von Dauerliegern beansprucht, selbst bei Abwesenheit, mit der Konsequenz, daß auf den Transitliegeplätzen (Yates) und am Wartekai bereits ab 18.00 Uhr die „Päckchen" enorme Ausmaße annehmen und im Extremfall Transityachten abgewiesen werden.
Die Versorgungsmöglichkeiten im Marinakomplex sind sehr gut, an den Stegen gibt es gewöhnlich Wasser- und Stromanschlüsse. In den Hafenplänen habe ich Tankstellen und sonstige Servicepunkte zur besseren Orientierung ortsbezogen eingetragen. Lebensmittel, Getränke und Würfeleis erhält man in den kleinen Lädchen, die meist in oder um die Marina verstreut liegen und die in wenigen Gehminuten erreichbar sind. Reparaturbetriebe werden im Rahmen der einzelnen Hafenbeschreibungen gesondert erwähnt.

Naturhäfen

Auf meinen Reisen entlang der Costa Brava – und nicht nur dort – bevorzuge ich die Naturhäfen (wie z. B. Cadaqués), wo man nahe den hübschen Ansiedlungen zum Nulltarif und weit weg von der Hafenhektik frei ankert. Allerdings muß man für den Landgang die meist nur kurze Strecke ans Ufer mit dem Beiboot zurücklegen.

Ankerbuchten

Die naturbelassenen Ankerbuchten (Calas) werden immer beliebter zum Übernachten oder für einen kurzen Badestopp. Hier zeigt sich die Natur noch in ihrer ganzen Schönheit, und die Wasserqualität ist noch gut. Und so kommt es oft genug vor, daß man länger bleibt als ursprünglich vorgesehen – bis das Frischwasser in den Tanks zur Neige geht.

Industriehäfen

Manchmal kommt man um das Festmachen in einem der Industriehäfen nicht herum, weil hier ein Crewwechsel geplant ist oder die Crew eine Stadtbesichtigung anstrebt. In Barcelona beispielsweise kann man entweder im Club Nàutic festmachen, oder man geht längsseits an die öffentliche Mole; der im Wasser treibende Müll ist mengenmäßig überall der gleiche. Das amtliche Hafengeld an der Mole variierte zwischen 100 und 200 Pts, wurde aber in der Regel selten erhoben. Änderungen sind durch den neuen G5-Tarif zu erwarten (siehe Seite 25).

Fischerhäfen

Die Fischerei ist auch an der katalanischen Küste ein wichtiger Industriezweig. Die Fischer sind eine Zunft für sich; sie sehen das Meer als unerschöpfliche Quelle für ihren Lebensunterhalt, sind jedoch hinsichtlich Wasserverschmutzung die größten Umweltsünder, was man besonders in den typischen Fischerhäfen beobachten kann. Die Sportschiffahrt ist in diesen Häfen im allgemeinen nur geduldet; selbst die Abgabe von Treibstoff wird manchmal verweigert mit dem Hinweis auf Zollbestimmungen, oder die Tankstellenpier wird permanent von Fischerbooten blockiert.

Liegegebühren in den Häfen, Marinas und vor Anker

Die Liegegebühren für Transityachten in den Club Nàutics entlang der Costa Brava unterliegen beachtlichen Schwankungen, im Durchschnitt wurde 1990 die Bordkasse einer 10-m-Yacht um etwa 2400 Pts pro Tag erleichtert, inklusive Steuer (IVA), Wasser und Strom.
Ab 1991 wird in einigen Häfen und Marinas zusätzlich eine amtliche Gebühr (G5) hinzukommen, die von staatlicher Seite mit den Kosten für Bau und Instandhaltung von Leuchtfeuern und Navigationshilfen sowie mit dem Verwaltungsaufwand der Hafenpolizei begründet wird.
Die Neuregelung der amtlichen Hafengebühren und die Gebührenordnung für das Liegen vor Anker im Hafenbereich fußen auf einem Ministerial-Erlaß vom 27. März 1990, herausgegeben vom Ministerio de Obras y Urbanismo, veröffentlicht im Boletin Oficial (Staatsanzeiger) vom 31. März 1990, der mit sofortiger Wirkung u. a. folgende Gebührenordnung und Anwendungsregelung vorsieht:

1. Die Hafengewässer werden in eine Zone I, das Hafenbecken selbst, und eine Zone II, die anschließende Außenzone (Reede), eingeteilt.
2. Die Gebühren und Tarife wurden in den Gruppenschlüsseln G1–G5 und E1–E2 festgelegt.
   E1/E2 beinhaltet das Kranen von Schiffen, der Tarif G5 regelt die Nutzung der Hafeninstallationen und Ankerplätze für die Sport- und Freizeitschifffahrt und legt die Gebühren fest.
   Die Basis für die Festlegung der Gebühr für eine Yacht, die weder Fracht noch Passagiere befördert (nur Crewmitglieder), sind die in Quadratmetern errechnete Wasserfläche, die sich aus Gesamtlänge und Maximalbreite der Yacht ergibt, und die Aufenthaltszeit in Tagen der Nutzung von Ankeroder Liegeplatz.

Aufschlüsselung der Gesamtgebühr in Peseten pro Tag:
a) bei Installationen von Hafenbehörden

Leistung	*Zone I*	*Zone II*
Ankern in geschützten Gewässern	10 Pts	4,5 Pts
Liegeplatz (Heck oder Bug)	13	–
Liegeplatz (längsseits)	39	–
Wasseranschluß am Liegeplatz	1,5	–
Müllentsorgung	1,5	–
Allgemeine Aufsicht	1,5	–
Bereitstellung von Ankerklotz (Muring)	1,5	1,5
Ankern mit allen Leistungen	11,5	–

Beispiel: 10-m-Yacht, festgemacht an der Mole (Zone 1) in Barcelona:

10 m × 3 m =	30 m² × 39 Pts	=	1170 Pts/Tag
(Wasser)	30 m² × 1,5 Pts	=	45
(Müll)	30 m² × 1,5 Pts	=	45
(Aufsicht)	30 m² × 1,5 Pts	=	45
Gesamt			1305 Pts/Tag

Für die gleiche Yacht, vor Anker in der Bucht von Port de la Selva (Zone II):

	30 m² × 4,5 Pts	=	135 Pts/Tag
(Müll)		=	45
Gesamt			180 Pts/Tag

Dazu kommen 12 % IVA (Mehrwertsteuer).

Man kann davon ausgehen, daß diese Gebühren in den nächsten Jahren dem Ankerlieger nicht abverlangt werden, weil es an behördlichen Schiffen und Personal fehlt.

b) bei Installationen von Konzessionshaltern

Leistung	*Zone I*	*Zone II*
Liegeplatz	9 Pts	–
Ankerplatz	7,5	2

Beispiel: 10-m-Yacht im Club Nàutic Port de la Selva (Zone I):

Clubgebühren (10 m)	2100 Pts/Tag
Wasser	200
Strom	150
G5 (30 m² × 9 Pts)	270
Gesamt	2720 Pts/Tag

zuzüglich 12 % IVA

Konzessionshalter sind Clubs Nàutic, Puertos Deportivo und Marinas, deren jährliche Konzessionsgebühr an die zuständige Behörde durch diese Auflage weiter steigen wird.
Die Gebühren unter Punkt b) und die Weitergabe an den Skipper wurden in der spanischen Fachpresse stark kritisiert und 1990 von den Hafenkapitänen der Clubs Nàutic ignoriert.

Symbole in den Plänen

	Hafen/Marina	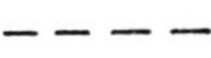	Kurslinie
	Ankerplatz		Festmachebojen
	Tagesankerplatz	MgK	Magnetkompaßkurs
	Position Leuchtfeuer		Steilküste
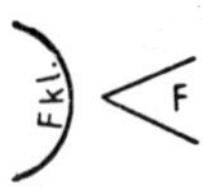	Leuchtfeuer	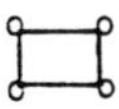	Ruine/Fort
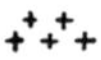	Riffe/Untiefen		Kirche
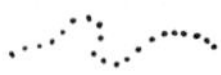	Flachwasserlinie		Eisenbahnlinie
	Funkfeuer		Sandstrand
	Funkmast		Tauchgebiet
	Turm		

Steil aufragende Felswände mit tiefen Einschnitten kennzeichnen viele Abschnitte der Costa Brava.

Port-Vendres

42°31,2'N
003°07,0'E

Für Yachten, die auf eigenem Kiel von Frankreich kommend die Costa Brava ansteuern, ist Port-Vendres der letzte größere Hafen mit guten Versorgungsmöglichkeiten vor der spanischen Grenze. Das Einkranen von Trailerbooten ist hier zwar möglich, doch aus meiner Sicht läßt man das Boot besser in einem der spanischen Häfen weiter im Süden ins Wasser, wo das Tramontana-Risiko geringer ist und mehr Schutzhäfen zur Verfügung stehen.
Im Gegensatz zu spanischen Häfen wird hier seitens der französischen Behörden auf ordnungsgemäßes Ein- und Ausklarieren großer Wert gelegt; es kann auch vorkommen, daß Yachten auf vorschriftsmäßige Schiffspapiere und Sicherheitsausrüstung, wie z. B. Rettungsinsel mit gültigem Prüfdatum, hin kontrolliert werden.

Ansteuerung

Der Hafen kann zeitenunabhängig und aufgrund der großen Wassertiefen im Vorhafen bei fast jedem Wetter angelaufen werden.
Bei Tag sind der Ort, die weißen Häuser mit den roten Dächern und später die vorspringende Küste mit dem Leuchtturm Fort Fanal gut zu erkennen. Beim Näherkommen sieht man die Schutzmole mit der eigentümlichen fünfbeinigen Leuchtbake und die etwa 250 m breite Hafeneinfahrt (Foto Seite 32/33).
Bei der Nachtansteuerung sind die roten und grünen Einfahrtsfeuer auf große Entfernung auszumachen. Ich selbst konnte sie schon einmal im Abstand von etwa 5 sm gut erkennen.
Bei der Einsteuerung navigiert man nach dem Richtfeuer, bis man das grüne Feuer unterhalb Fort Fanal querab hat. Der Hafenschlauch ist befeuert.

Liegeplätze

Fahrtenyachten machen am besten an den Schwimmstegen im Nouveau Port fest, verwaltet wird dieser Teil vom Chambre de Commerce.
Für die Plätze westlich davon an der Mole ist der Hafenkapitän zuständig. Die Liegegebühren sind fast identisch und variieren je nach Jahreszeit und Schiffsgröße zwischen 60 und 180 FF. Die gebührenfreien Plätze vor dem Zollbüro sind immer belegt.

Anlagen

In wenigen Gehminuten sind alle „Amtsstuben" der Behörden wie Hafenmeister, Chambre de Commerce (Wetterbericht) und der Zoll erreichbar.
An die sanitären Anlagen darf man keine allzu hohen Erwartungen stellen, Port-Vendres ist in erster Linie ein Handelshafen und ein Transitpunkt für Fahrtenyachten; das erklärt vieles.
Die Tankstelle für Diesel und Benzin liegt an der Westseite der Handelsmole.
Die kleinen Reparaturwerkstätten im Hafenkomplex sind vornehmlich auf Außenborder spezialisiert. Bei komplizierten Reparaturen spricht man am besten die Werftleitung an, die auch einen 50-t-Travellift für Arbeiten am Unterwasserschiff verfügbar hat.

Versorgung

Die nahe gelegenen Geschäfte sind gut sortiert, man kann hier die Bordbestände kurz vor der Einreise nach Spanien noch einmal mit französischen Getränken, Lebensmitteln und sonstigen Gebrauchsartikeln auffüllen. In den typischen Fischrestaurants rund um den Hafen kann man gut, aber selten preiswert essen.

PORT-VENDRES

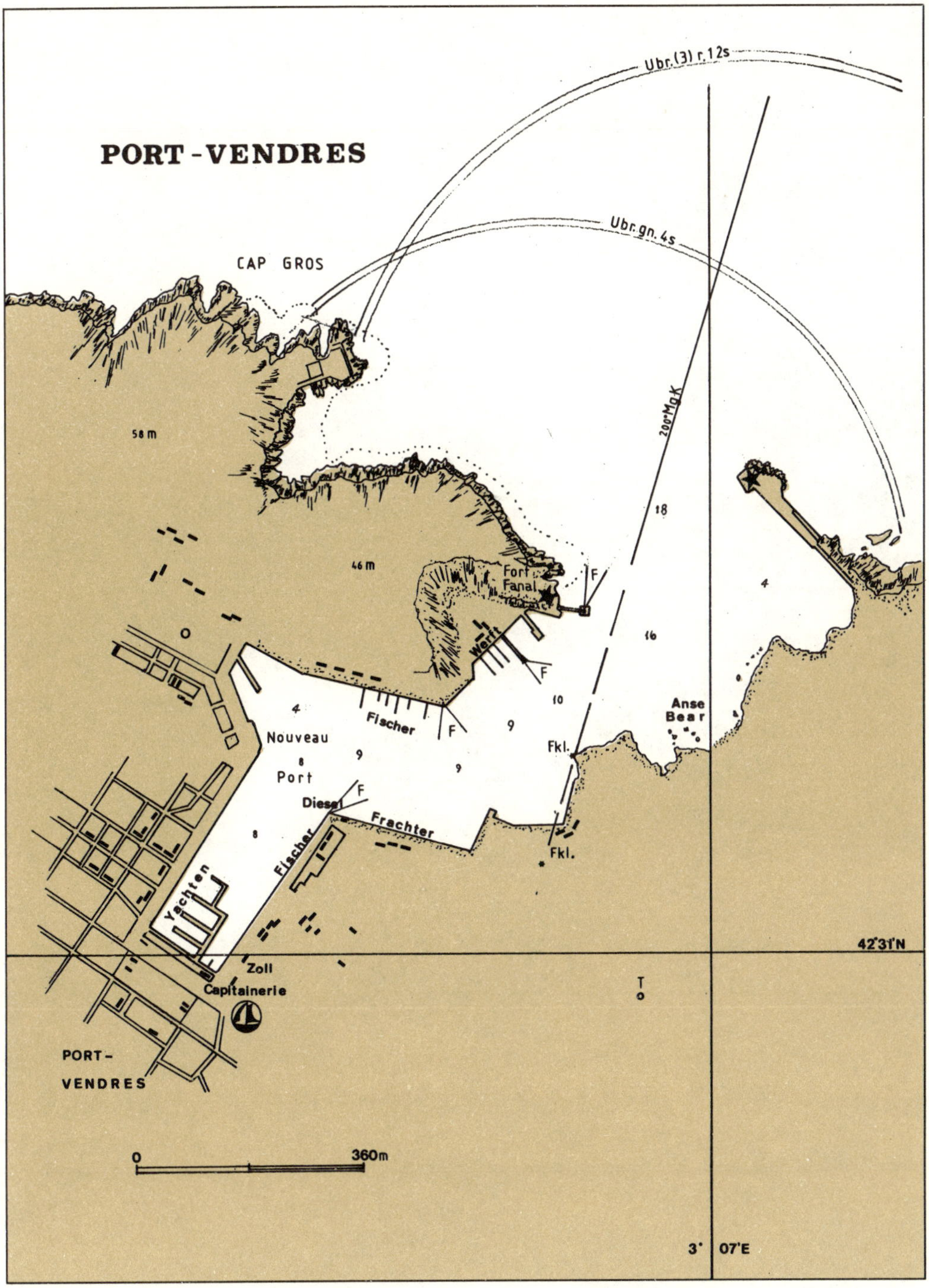

Port-Vendres

Port-Vendres bis Port de la Selva

Der etwa 13 sm lange Teil der nördlichen Costa Brava wird von See aus betrachtet vom bergigen Hinterland bestimmt, die Küste ist teils niedrig, teils stark zerklüftet. Unzählige Klippen und Felsen sind dem Küstengebiet vorgelagert.
Es gibt nur wenige Ankerbuchten auf diesem Streckenabschnitt.
Port-Bou (ohne Plan) kurz hinter der spanischen Grenze besteht aus einer weit offenen Bucht mit Sandstrand und einem 70 m langen Anlegesteg mit 40 Liegeplätzen für kleine Boote, alle in Privatbesitz. Von Oktober bis April sind die wesentlichen Teile vom Steg abmontiert.
Cala de Garbet (ohne Plan) ist ein schöner Tagesankerplatz mit klarem Wasser und zwei Sandstränden, aber in den Sommermonaten ist die Bucht von Badegästen, Surfern und Freunden des Unterwassersports stark frequentiert. Vom Ufer muß man sich gut freihalten, besonders der nördliche Teil ist unrein.

Wettersituation

Bei Tramontana ist dieser Küstenbereich voll dem Seegang ausgesetzt, nahe der Küste erreicht selbst der Sommer-Tramontana durch die Ablenkung bis 8 Bft.

Fluchthäfen

Es ist zwecklos, gegen diesen Wind aufzukreuzen; die einzigen nahe gelegenen sicheren Häfen sind Port de la Selva und die neue Marina von Llançà.

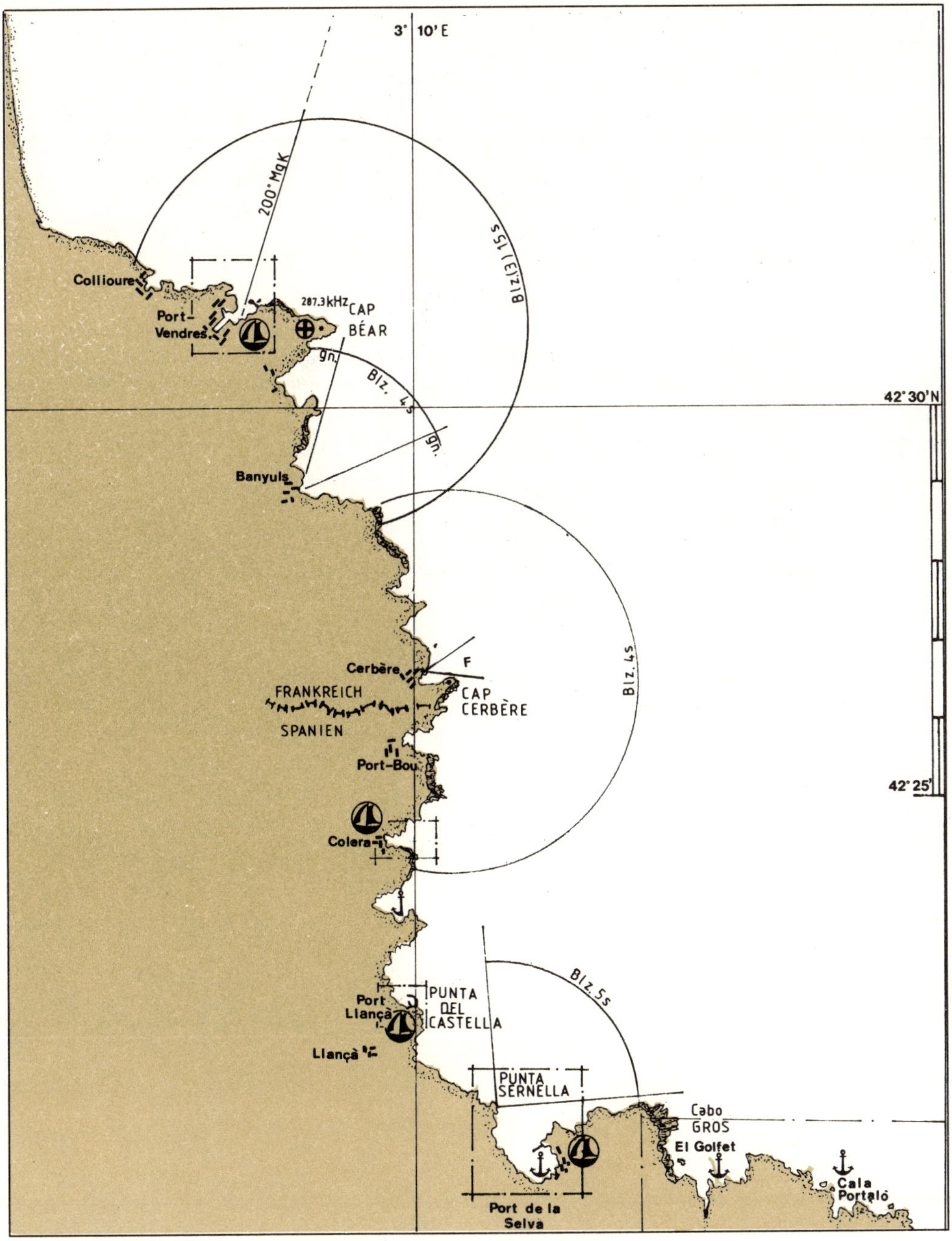
3° 10' E
200° MgK
Blz.(3) 15s
Collioure
Port-Vendres
287,3 kHz
CAP BÉAR
gn.
Blz. 4s
gn.
42° 30' N
Banyuls
Cerbère
F
CAP CERBÈRE
FRANKREICH
SPANIEN
Blz. 4s
Port-Bou
42° 25'
Colera
Blz. 5s
Port Llançà
PUNTA DEL CASTELLA
Llançà
PUNTA SERNELLA
Cabo GROS
El Golfet
Cala Portaló
Port de la Selva

Colera
Club Nàutic

42°24,3'N
003°09,3'E

Der kleine Sportboothafen im südlichen Teil der Badia de Colera ist von Frankreich kommend der erste Hafen an der katalanischen Küste.
Der Ort Colera ist geprägt von kleinen und mittleren Hotels und wird bevorzugt von spanischen und französischen Touristen besucht.

Ansteuerung Die von hohen Bergen umgebene Bucht Colera läuft im Westen in einem weiten Tal aus. Man muß ziemlich dicht entlang der Küste navigieren, dann erkennt man die Eisenbahnbrücke über dem Tal, die mehrgeschossigen braunen und weißen Häuser im Scheitel der Bucht und später den kurzen Wellenbrecher aus Natursteinquadern und den Sandstrand daneben.

Liegeplätze Der Club Nàutic hält an der Innenmole 20 Plätze für Transityachten (maximal 10 m Länge) bereit.
Wasser- und Stromanschlüsse sind an den Gastliegeplätzen vorhanden.

Hinweise Festgemacht wird mit Bugleinen zum Steg und Muringleine am Heck; Felsbrocken vor der Mole würden sonst das Ruderblatt beschädigen.
Gegenüber anderslautenden Beschreibungen weise ich darauf hin, daß das Festmachen an den Molenköpfen nicht möglich ist; meterdicke Felsbrocken liegen bis dicht unter die Wasseroberfläche.
Die falsche Molenkopfbefeuerung wurde geändert auf einlaufend Grün an Steuerbord, Rot an Backbord.
Bei Seegang ist der Hafen nicht ansteuerbar.

Anlagen Der Club Nàutic (Tel. 389095) des kleinen Hafens ist über UKW nicht ansprechbar. Die Serviceeinrichtungen wie Toiletten und Duschen und das winzige Hafenbüro wirken sehr bescheiden; der Kran stammt noch aus dem vorigen Jahrhundert, ist aber in gutem Zustand und voll funktionsfähig.
Eine Tankstelle gibt es im Hafen nicht.

Versorgung Lebensmittel und Getränke findet man in den gutsortierten Lädchen im Ort.

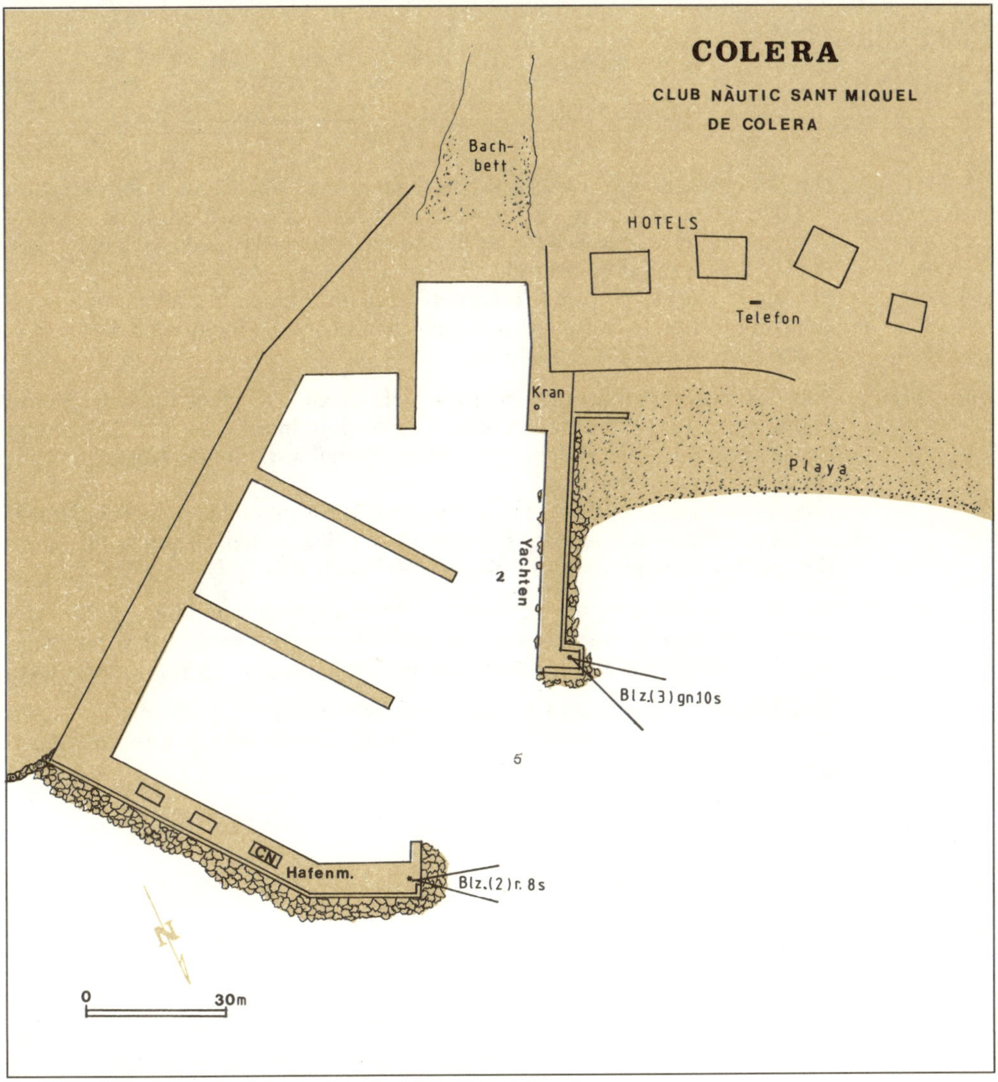
COLERA
CLUB NÀUTIC SANT MIQUEL
DE COLERA
Bach-
bett
HOTELS
Telefon
Kran
Playa
Yachten
2
Blz.(3) gn.10s
5
CN
Hafenm.
Blz.(2) r. 8s
N
0
30m

Port Llançà
Club Nàutic

42°22,4'N
003°09,4'E

Der Streckenabschnitt zwischen Port-Vendres und Cabo Creus ist mit dem Ausbau der neuen Marina in Llançà wesentlich sicherer geworden. In der Vergangenheit mußten einige Schiffe bei Tramontana um Cabo Creus ablaufen, weil Port de la Selva überbelegt war.
Mit einer Kapazität von 471 Liegeplätzen und einer überdimensionierten Schutzmole bietet Llançà einen zusätzlichen sicheren Fluchthafen neben Port de la Selva (siehe Foto Seite 40/41).

Ansteuerung

Von Osten kommend, muß man die tiefe Bucht zwischen Cabo Gros und Punta del Castella durchfahren; eine gute Landmarke ist der 22 m hohe Leuchtturm mit weißer Kuppel auf Punta Sernella. Punta del Castella ist mit einem Mindestabstand von 0,5 sm zu umfahren.
Von Norden kommend, sieht man auf große Entfernung die hohe Schutzmole aus Betonblöcken (Spanische Reiter) vor den 30 m hohen Felsen.
Die Molenkopffeuer waren im August 1990 noch nicht in Betrieb.

Liegeplätze

Die Gastliegeplätze waren im Sommer 1990 noch nicht klar definiert. Alle Liegeplätze sind mit Wasser- und Stromanschlüssen sowie mit Murings ausgestattet. Für die Platzzuweisung macht man am besten zuerst am Servicedock fest.

Anlagen

Toiletten und Duschen waren im Sommer 1990 noch im Bau. Bis die Tankstelle in Betrieb ist, muß man sich an der Straßentankstelle mittels Kanister versorgen.

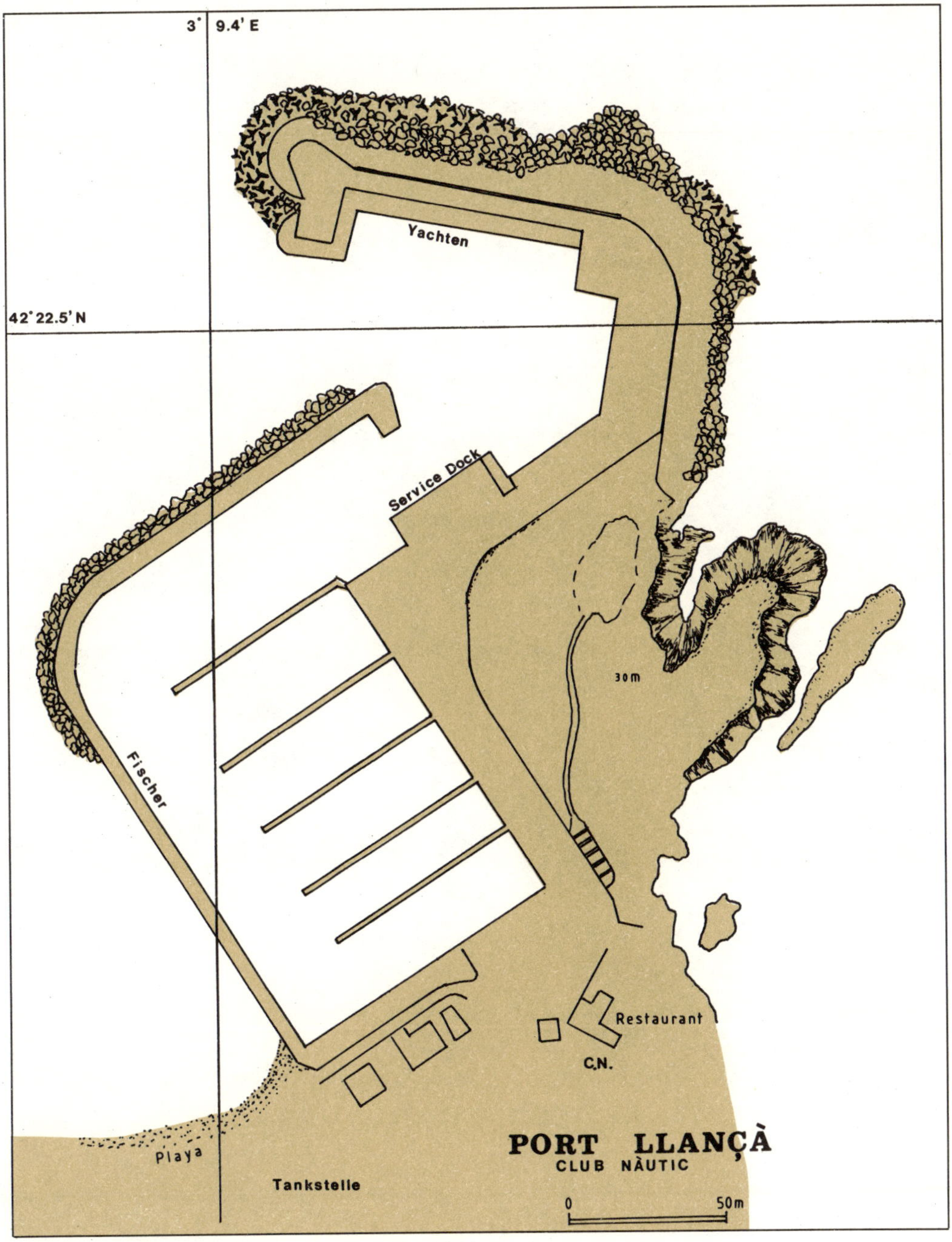
3° 9.4' E
42° 22.5' N
Yachten
Service Dock
Fischer
30m
Restaurant
C.N.
Playa
Tankstelle
PORT LLANÇÀ
CLUB NÀUTIC
0
50m

Satimar
577

Einfahrt in die neue Marina in Llança, ein sicherer Hafen bei Tramontanalage.

Port de la Selva

42°20,2'N
003°11,9'E

Der Fischer- und Sportboothafen Port de la Selva liegt in die Ausläufer der Pyrenäen eingebettet, im nordöstlichen Teil der Bahia de la Selva, einer nach Norden weit offenen Bucht. Bei Tramontana sind die Liegeplätze des Club Nàutic gut geschützt, nicht jedoch die Ankerplätze in der Bucht.
Die Liegeplätze an der Innenseite des befeuerten Wellenbrechers sind ausschließlich für Fischerboote reserviert. Bei Starkwind kann man nach Absprache mit dem Hafenmeister/Eigner längsseits an den Fischerbooten festmachen.

Ansteuerung

Die Einsteuerung in die Bucht ist unter normalen Wetterbedingungen problemlos; eine gute Landmarke an klaren Tagen stellt die Klosterruine am Hang des 685 m hohen St. Pere de Roda im Südwesten der Bucht dar.
Bei Nacht navigiert man im Einsteuerungsbereich nach dem Feuer auf Pta. Sernella und dem Feuer auf dem Molenkopf.

Hinweis

Bei der Einfahrt in den Hafen sollte der Molenkopf im Abstand von 40 bis 50 m umfahren werden, die Wassertiefen reduzieren sich südlich vom Molenkopf stellenweise auf 1 m (siehe Detailplan auf Seite 44).

Liegeplätze

Am besten ankert man im südlichen Teil der Bucht auf 5–8 m Wassertiefe, der Ankergrund besteht aus Sand mit Seegrasflecken.
Der Club Nàutic wurde 1989 modernisiert und erweitert. Von den 220 Liegeplätzen werden 55 für Transityachten vorgehalten, Wasser- und Stromanschlüsse gibt es am Steg.

Anlagen

Der Club Nàutic (Tel. 387000) ist gut organisiert, der Marinero teilt den Liegeplatz zu und hilft beim Annehmen der Festmacheleinen.
Duschen und Toiletten sind in gutem Zustand, für Reparaturen am Unterwasserschiff (Ruder/Welle) steht ein Kran zur Verfügung.
Reparaturen durch Fachpersonal sind kaum möglich.
Das wichtigste Schiffszubehör gibt es im Nautica EL PORT, Moll de la Timba 3, Tel. 387129.

Versorgung

Die Versorgungsmöglichkeiten im Ort sind sehr gut.
Ein preiswertes, einfaches, aber gutes Restaurant (Familienbetrieb) ist das „Sol y Sombra“ im Ort.

Umland

In etwa zwei Stunden Fußmarsch erreicht man das Benediktinerkloster St. Pere de Roda am Hang des Pyrenäenausläufers gleichen Namens.
Oben angekommen, genießt man den weiten Blick über die Küste und Port de la Selva. Auch Karl der Große soll hier gestanden haben, als er 778 den Feldzug nach Katalonien führte.

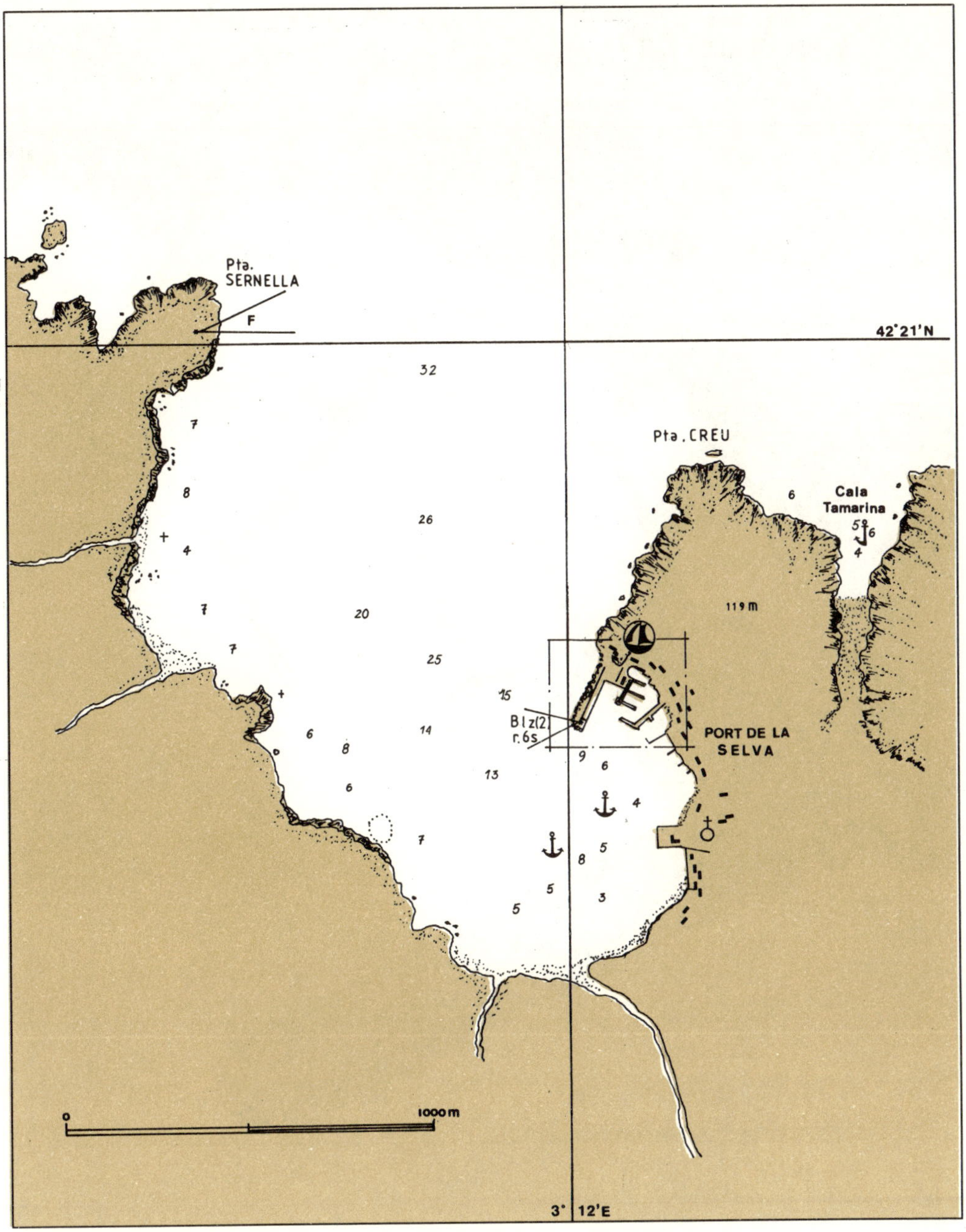

Detailplan siehe Seite 44.

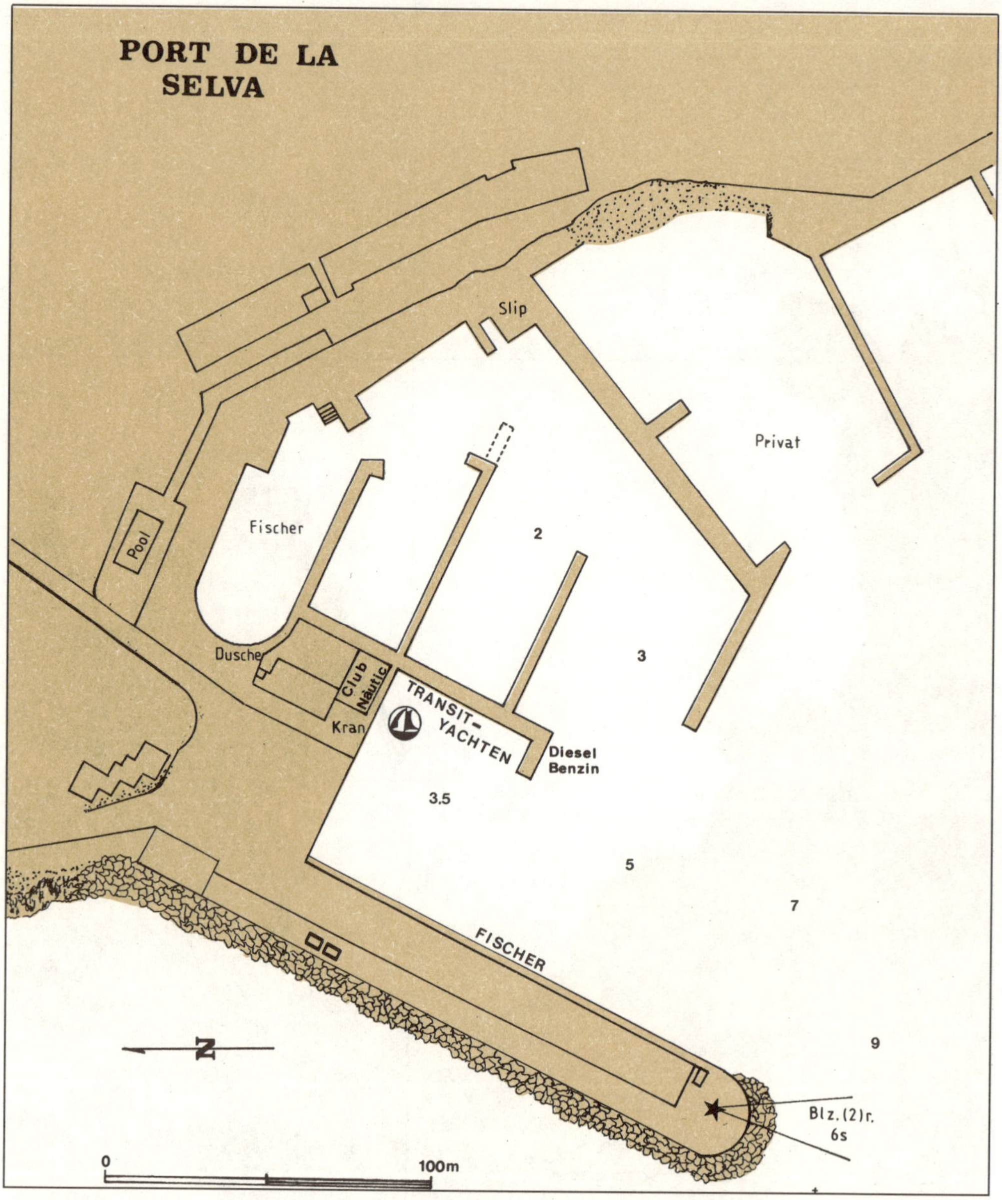

PORT DE LA SELVA
Slip
Privat
Fischer
2
Pool
3
Dusche
Club Nàutic
TRANSIT-YACHTEN
Kran
Diesel
Benzin
3,5
5
7
FISCHER
9
N
Blz.(2)r.
6s
0
100m

Port de la Selva mit dem Club Nàutic.

Port de la Selva bis Cabo Creus

Dieser felsige Küstenabschnitt, der von den Ausläufern der Pyrenäen gebildet wird, ist der am stärksten gegliederte Teil des westlichen Mittelmeeres.
Die unwegsame Küste ist noch unerschlossen, nur vereinzelte Ziegenpfade stellen die Verbindung zwischen der Küste und den wenigen weiter im Land gelegenen Häusern und Siedlungen her. Es ist der ruhigste und einsamste Teil der Costa Brava. Mit den schroffen, steil ins blaue Wasser abfallenden Felsen, der kargen Vegetation, der noch intakten Natur zähle ich dieses Fleckchen Erde zum eindrucksvollsten Abschnitt der spanischen Mittelmeerküste. Es gibt eine Vielzahl tief nach Süden einschneidender Buchten, die teils in Sandstrände auslaufen oder in verzweigten Felseinschnitten enden.

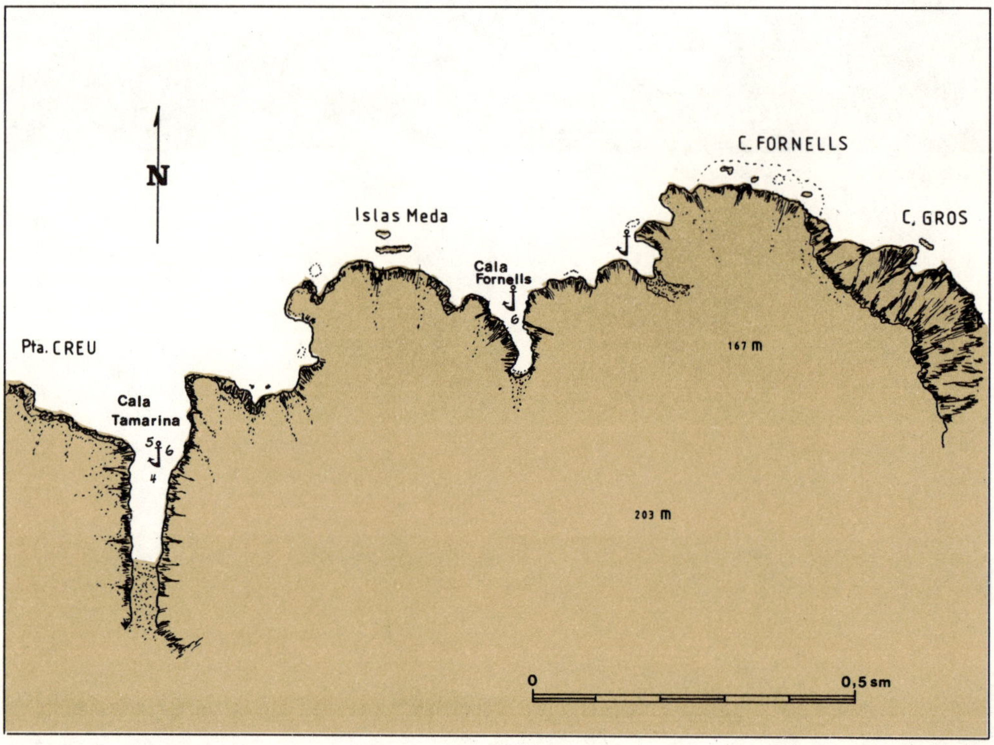

Wettersituation

Bei Tramontanalage im Winter und in den Übergangsmonaten ist dieser Streckenabschnitt auch mit großen Yachten nicht zu befahren. Selbst in den Sommermonaten ist hier äußerste Vorsicht geboten, auch beim Liegen vor Anker muß der Wetterbericht abgehört werden.
Wind und See treffen bei Tramontanalage auflandig auf die Küste, und es kann zu chaotischem Seegang in den sonst so schönen Buchten kommen.
Tramontana kündigt sich in den Sommermonaten oft durch Seegang und Dünung aus Nord an. Dann rate ich, die Ankerbucht zu verlassen.

Fluchthäfen

Port de la Selva, im Sommer Cala de Culip.
Eine weitere Alternative ist, in ruhiges Wasser südlich Cabo Creus abzulaufen.

Anker-möglichkeiten

Die schönsten Ankerbuchten mit ihren Besonderheiten werden im einzelnen beschrieben. Fast überall findet man tiefes Wasser; 30 m unter dem Kiel sind keine Seltenheit. Teilweise bietet sich nur die Möglichkeit, mit Buganker und Leinen zum Fels festzumachen; der Bug sollte auch aus Sicherheitsgründen auf die Ausfahrt gerichtet sein.

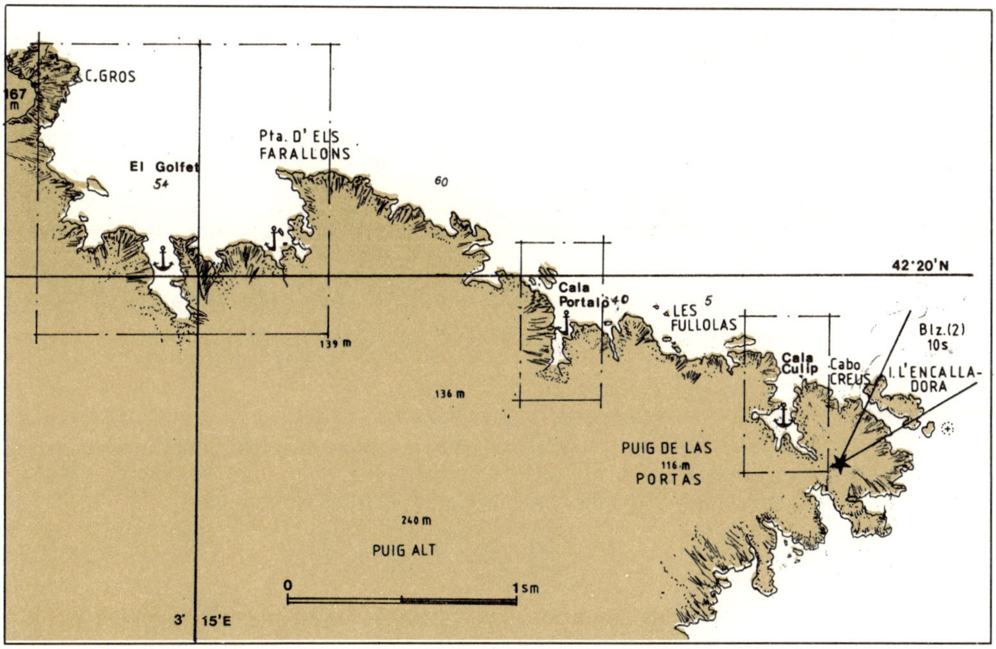

El Golfet und Nebenbuchten

42°20′N
003°15′E

Die weiträumige Bucht El Golfet ist ein Stück Natur geblieben: Bizarre Felsformationen, die Wind und See blankpoliert haben, Nebenbuchten, die so schmal sind, daß man nur mit kleinen Motorbooten hineinkommt, steil ins Wasser abfallende Felsufer und überall klares und tiefes Wasser – das sind die Hauptmerkmale des „Minigolfs" El Golfet.
Irgendwann muß Salvador Dalí hiergewesen sein; in seinen Gemälden im Museum Figueres habe ich die Farben und Formen der Felsen vom El Golfet wiedergefunden.

Ansteuerung

Bei der Navigation entlang der Küste sind die steil abfallende Osthuk von Cabo Gros und die weit offene Bucht nicht zu übersehen. Von Osten kommend, muß man auf die blinden Klippen und die wenig über das Wasser hinausragenden Felsen bei Pta. d'Els Farallons achten.

Liegeplätze

Das Ankern in den teilweise engen Nebenbuchten gestaltet sich nicht schwierig, aber Platz zum Schwojen gibt es vielerorts nicht, und der Ankergrund ist überwiegend Fels. Man fühlt sich sicherer, wenn man die Haltefestigkeit des Ankers zusätzlich durch die Taucherbrille überprüft.
Auf einigen Ankerplätzen muß das Schiff je nach Länge mit Achterleinen an Land gesichert werden.

Nebenbuchten

Cala Prona. Die enge Bucht ist der romantischste Teil vom El Golfet. Wenn man Glück hat, ist der Platz hinter der Huk einlaufend an Backbord frei; man kann hier mit Buganker und Heckleine am Felsen festmachen. Ein Traumliegeplatz für Schiffe bis 10 m Länge. Der Abstand zwischen den beiden Einfahrtshuken beträgt etwa 25 m.
Kleine Boote liegen am besten hinter dem unbewohnten Fischerhaus und sichern sich ebenfalls mit Leinen zum Land.
Der Ankergrund ist grober Sand und Geröll.

Cala Saranza. Die Bucht bietet gute Voraussetzungen für einen kurzen Badeaufenthalt und zum Erforschen der hier noch vielfältigen Unterwasserwelt entlang der Felsküste. Gut geschützt liegt man in Buchtmitte auf 4–6 m Wassertiefe, wo man genügend Kette stecken kann. Der Untergrund ist felsig.

Cala Serena. An ihrer Öffnung ist sie 30–35 m breit, im hinteren Teil läuft die Cala eng gewunden in einer schattigen Schlucht aus. Ideal für kleine Motorboote.

Cala Tabarell. Die etwa 700 m nach Süden einschneidende Cala ist die größte und am meisten besuchte Ankerbucht im El Golfet. Am Ende läuft die Felsküste in einen breiten Kiesstrand aus. Der Ankergrund besteht aus grobem Sand mit Steinen in Ufernähe.

Den Bereich im westlichen Teil von El Golfet und Isla Galera habe ich auf Ankermöglichkeiten hin nicht überprüft; hier steht auch bei ruhigem Wetter reflektierender Seegang, und das Wasser ist zum Ankern zu tief.

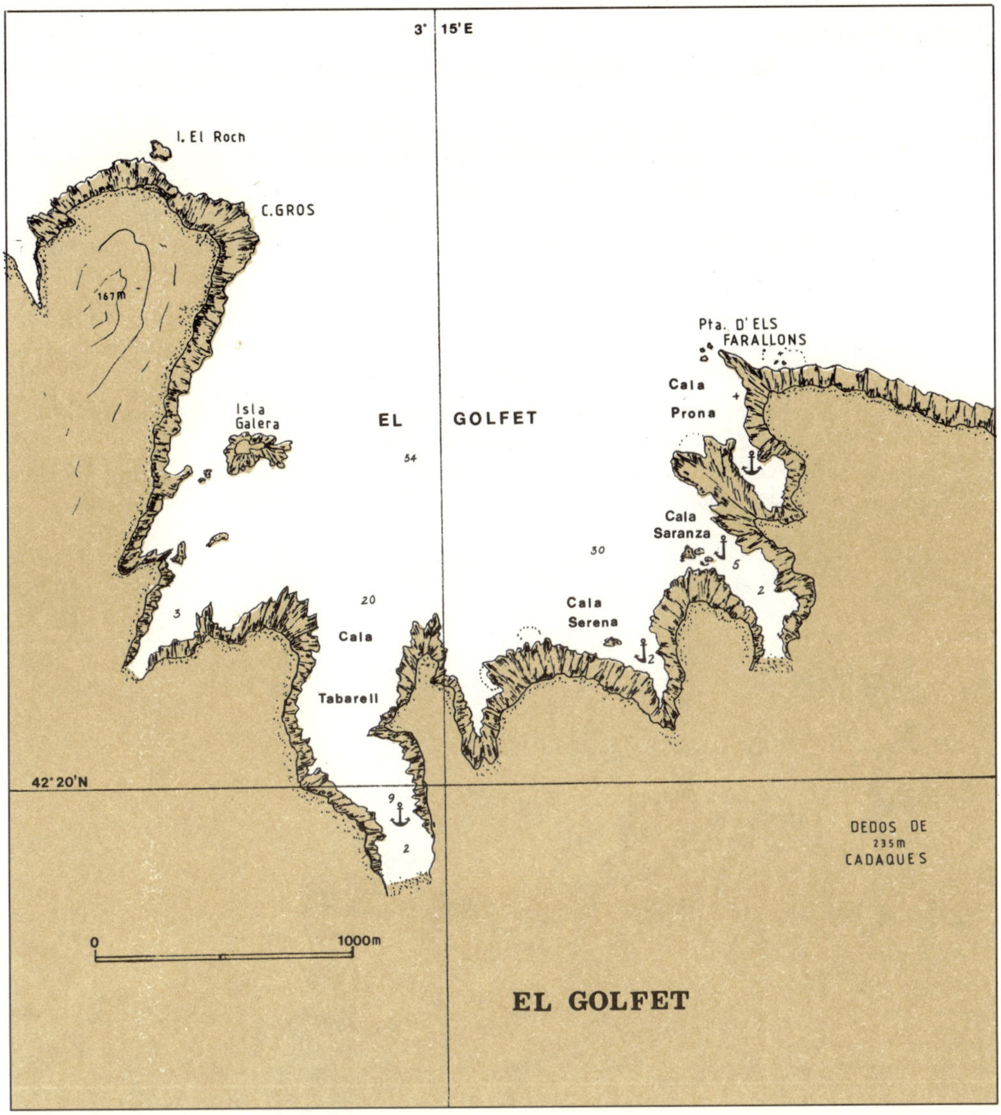

3° 15'E
I. El Roch
C.GROS
167m
Isla
Galera
EL GOLFET
54
Pta. D'ELS
FARALLONS
Cala
Prona
Cala
Saranza
30
5
2
Cala
Serena
2
20
Cala
Tabarell
3
9
2
42°20'N
DEDOS DE
235m
CADAQUES
0
1000m

EL GOLFET

Cala Portalo

42°19,5′N
003°17,2′E

Die etwa 500 m nach Süden einschneidende Cala Portalo ist unbewohnt und wegen des klaren Wassers bevorzugtes Ziel von Sporttauchern, die mit Motor- und Schlauchbooten hierherkommen.
Die wilde Schönheit der Cala zieht auch die Individualisten an, die das Liegen vor Anker in sauberem Wasser den heißen und oft schmutzigen Häfen vorziehen.

Ansteuerung Ganz gleich, aus welcher Richtung man die Bucht ansteuert, eine unverkennbare Landmarke ist die nordwestlich vorgelagerte markante Isla de Portalo, ein 20 m hoher kahler, fast schwarzer Felsen.

Liegeplätze Die Bucht ist frei von Untiefen; im hinteren Teil nimmt die Wassertiefe auf 1 m ab, und die Felsküste läuft in einen Sandstrand aus.
Der Ankergrund in der Mitte der Bucht ist gut haltender Sand; zum Ufer hin wird der Boden steinig, teilweise mit Seegrasflecken auf hartem Grund.

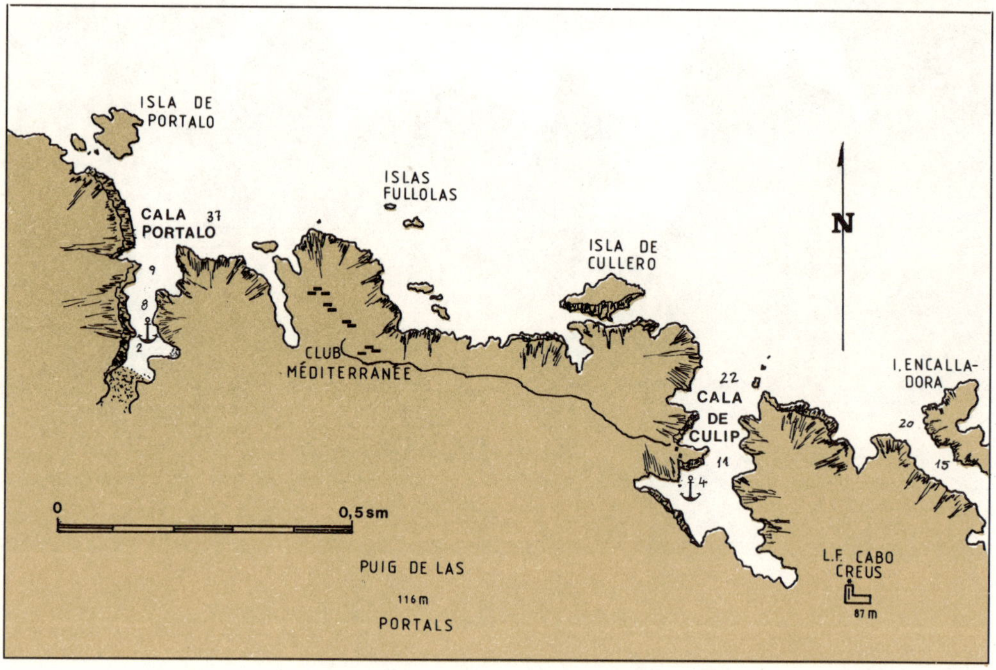

Cala Portalo – selbst in der Hochsaison ist die wunderschöne Bucht selten überlaufen.

Cala de Culip

42°19,0'N
003°18,5'E

Bei den vorherrschenden Winden im Sommer bietet die Cala de Culip guten Schutz, aber während dieser Zeit ist das Dorf des Clubs Méditerranée voll belegt und die hübsche Cala zum französischen Hoheitsgebiet erklärt (siehe Plan Seite 50). Die Anlagen innerhalb der Bucht, dazu zählt auch die Betonmole, gehören zum Club, und die Cala de Culip ist de facto das Wassersport-

zentrum der Clubgäste. In den Monaten außerhalb der kurzen Feriensaison kehrt wieder Ruhe ein, und die Anlagen liegen verlassen da. Dann kann man auch an der Mole festmachen oder im westlichen Teil ungestört vor Anker gehen. Von den Bergen hat man eine einmalige Aussicht auf die Küstenlandschaft.

Nicht immer ist die Cala de Culip so leer! Links der Anleger vom Club Med und im Hintergrund das Leuchtfeuer von Cabo Creus.

Cabo Creus bis Cabo Norféo

Die Felsenküste von Cabo Creus kann man nur als wilde Schönheit bezeichnen, unnahbar und gefährlich.
Das Durchfahren der 90 m breiten inneren Passage zwischen der Insel L'Encaladora und Cabo Creus ist bei gutem Wetter unter Motor möglich, das Wasser ist tief und frei von Untiefen (siehe Foto Seite 56/57).
Die mittlere Passage zwischen der Isla de Maza de Oro ist 320 m breit und kann bei normalen Wetterbedingungen unter Segeln durchfahren werden.
Bei schlechtem Wetter gilt auf südlichen Kursen die Außenpassage um die Inseln herum navigatorisch als einzig sicherer Weg, je nach Seegang muß der Abstand zur Küste bis zu 5 sm betragen.
Bei der Nachtnavigation ist nur die Außenpassage sicher, ungeachtet der Wetterbedingungen, die sich innerhalb von 15 Minuten hier grundlegend ändern können.
Die markanteste Landmarke und das Wahrzeichen von Cabo Creus ist das Leuchtfeuer mit weißem Turm und Wärterhaus in 87 m Höhe (siehe Foto Seite 52/53); der graue Turm am äußersten Zipfel von Cabo Creus hat navigatorisch keine besondere Bedeutung. Ab Cabo Creus setzt Strom von 1–2 kn permanent nach Süden, und der Tramontana weht hier ablandig.
Der Küstenbereich südlich von Cabo Creus mit seinen verträumten Naturhäfen und den geschützten Ankerbuchten ist der romantischste Teil der Costa Brava. Das Land ist klimatisch begünstigt. Fast überall auf den sanften Hügeln sieht man noch die Spuren ehemaliger Terrassierung für den Weinanbau, Zeugen griechischer und römischer Kolonisierung.
Agaven, Palmen und Olivenbäume sind nach dem rauhen Cabo Creus die ersten Boten des mediterranen Südens.
Entlang der stark gegliederten Küste liegen neben den gut geschützten Naturhäfen Port Lligat und Cadaqués die weiträumigen Ankerbuchten Cala Guillola und Cala de Jonculls sowie zahlreiche Tagesankerplätze für kleinere Boote.

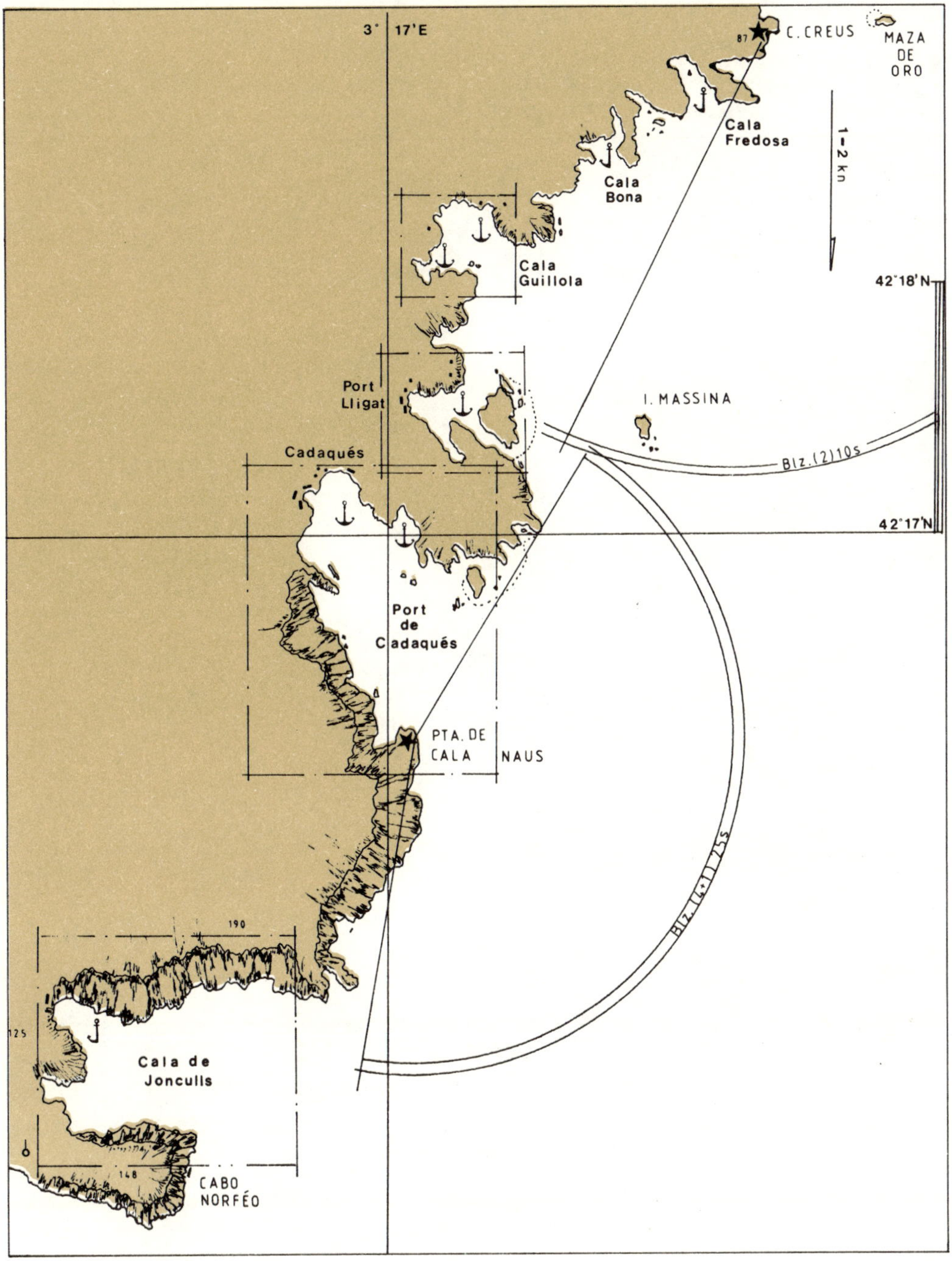

3° 17'E
C. CREUS
87
MAZA DE ORO
Cala Fredosa
1–2 kn
Cala Bona
Cala Guillola
42°18'N
Port Lligat
I. MASSINA
Blz.(2)10s
Cadaqués
42°17'N
Port de Cadaqués
PTA. DE CALA NAUS
Blz.(4+1)25s
190
125
Cala de Joncuils
148
CABO NORFÉO

Die Durchfahrt zwischen der Insel L'Encalladora und Cabo Creus ist nur bei gutem Wetter möglich. Der graue Turm hat navigatorisch keine besondere Bedeutung.

Cala Guillola

42°18,1'N
003°17,5'E

Die weiträumige, naturbelassene Cala Guillola liegt 1,5 sm südwestlich von Cabo Creus; die Nebenbucht im Nordosten und die Cala Jonquet im Südwesten bieten in den Sommermonaten Schutz gegen Seegang und die vorherrschenden Winde.
Wenn man vom El-Golfet-Revier kommend hier eintrifft, findet man ein völlig verändertes Landschaftsbild vor. Die Küstenlinien sind weicher; sanfte, mit Pinien bewachsene Hügel, Agaven an den Berghängen und vereinzelt harmonisch in die Landschaft integrierte kleine Sommerhäuser geben besonders dem Nordostteil der Bucht einen ganz intimen Charakter.
Die Terrassenanlagen auf den Hügeln entstammen noch der Römerzeit, möglicherweise war hier ein Weinanbaugebiet für den Export ins Römische Reich.

Liegeplätze

Das tiefe Wasser reicht rund um die Bucht fast bis an die Küste heran. Der schönste Ankerplatz liegt im Nordosten der Bucht. Man ankert auf 7–8 m Wassertiefe, der Ankergrund ist harter Sand mit Grasflecken.
Bei südlichen Winden verholt man besser in die Cala Jonquet.

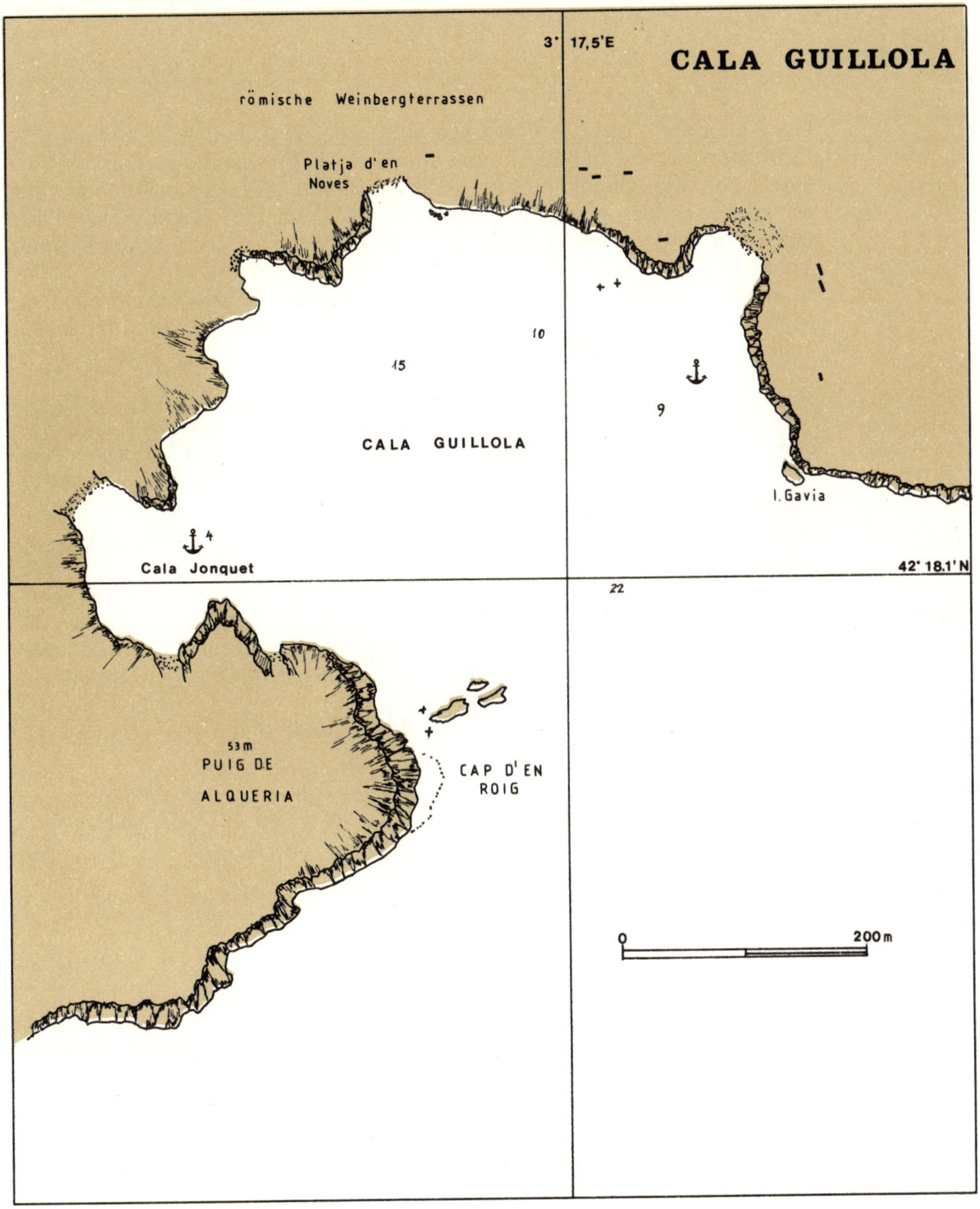
CALA GUILLOLA
3° 17,5'E
römische Weinbergterrassen
Platja d'en
Noves
10
15
CALA GUILLOLA
9
I. Gavia
4
Cala Jonquet
42° 18.1' N
22
53 m
PUIG DE
ALQUERIA
CAP D'EN
ROIG
0
200 m

Port Lligat

42°17,5'N
003°17,5'E

Die Ankerbucht Cala de Port Lligat hat weder Hafenanlagen noch sonstige Einrichtungen, die an einen Hafen erinnern; die Bezeichnung „Port" ist eher auf die Naturhafenbedingungen zurückzuführen. Dafür liegt die Bucht in einer traumhaft schönen Umgebung, gut geschützt durch die vorspringende Küste im Norden und die Isla de Port Lligat, die den Schwell aus östlichen Richtungen abhält.
In zahlreichen Nebenbuchten, die sehr flach sind, finden besonders kleine Motor- und Trailerboote mit geringem Tiefgang optimale Festmachemöglichkeiten und eine reizvolle Welt über und unter Wasser.

Ansteuerung

Bei der Navigation im Küstenbereich ist der markanteste Ansteuerungspunkt das in eigenwilligem Stil gebaute Haus des Künstlers Salvador Dalí. Das dunkle, festungsähnliche Gebäude mit bullaugenähnlichen Fenstern im Mauerwerk auf dem 35 m hohen Küstenvorsprung im Norden der Bucht ist auch die Hauptattraktion von Port Lligat.

Hinweis

Etwa 50 m nordwestlich Pta. de la Fernera liegt eine blinde Klippe, die auf einigen Seekarten nicht verzeichnet ist.

Liegeplätze

Schiffe mit größerem Tiefgang ankern am besten inmitten der Bucht auf 4–6 m Wassertiefe. Der Ankergrund besteht aus festem Sand mit vereinzelten Seegrasflecken. Flachgehende Boote liegen gut geschützt in den Nebenbuchten vor Anker mit Leinen zum Land.
Bei Winden aus nördlichen bis nordöstlichen Richtungen verholt man in die Bucht von Cadaqués gleich um die Ecke.

Umland

Hinter dem Sandstrand im Westen liegen zwei Hotels mit Bar und Restaurant, die hauptsächlich von Tauchern besucht werden, die hier eine Basis haben. Über den Hügel und am Friedhof vorbei gelangt man in 30 Gehminuten zu dem malerischen Ort Cadaqués.

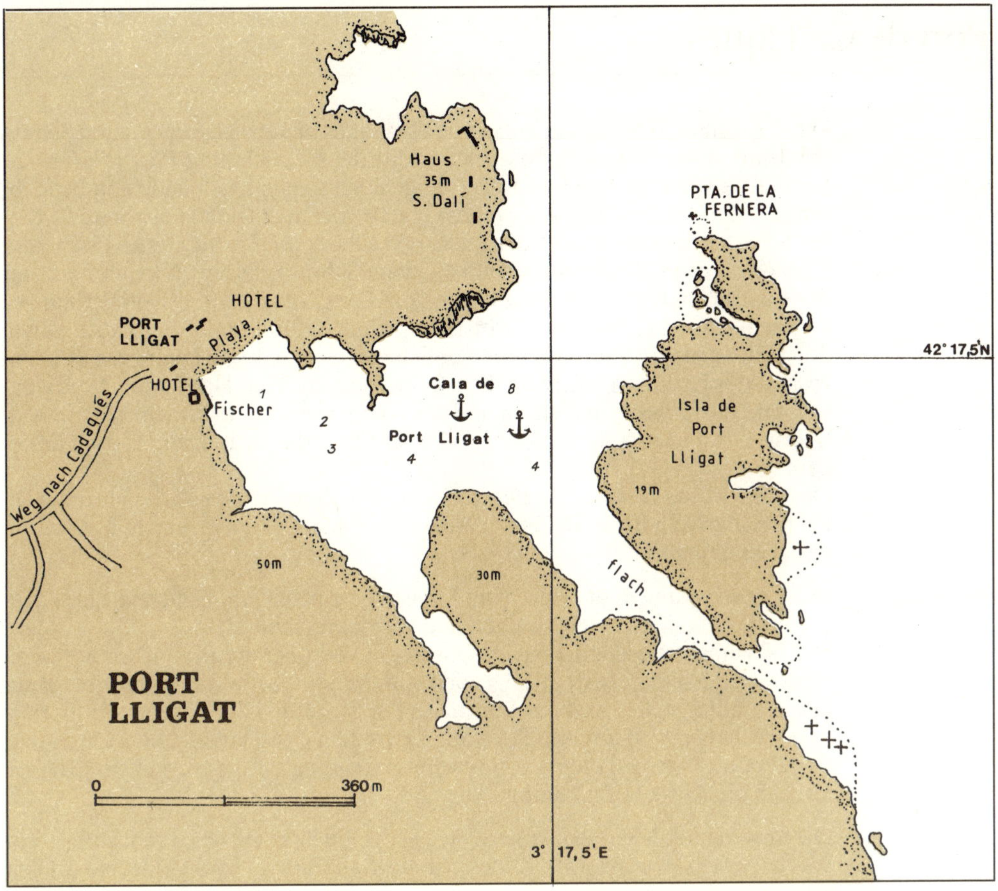
Haus
35m
S. Dalí
PTA. DE LA
FERNERA
HOTEL
PORT
LLIGAT
Playa
42° 17,5'N
HOTEL
Fischer
Cala de
Port Lligat
Isla de
Port
Lligat
19m
Weg nach Cadaqués
50m
30m
flach
PORT
LLIGAT
0
360m
3° 17,5'E

Port de Cadaqués

42°17,0'N
003°17,5'E

Die weiträumige Ankerbucht Port de Cadaqués bietet ausgezeichneten Schutz bei Tramontana. Im übrigen aber besteht die Bezeichnung Port (Hafen) zu Unrecht; es gibt hier weder Molen, Stege noch sonstige Gebäude und Einrichtungen, die man gewöhnlich in einem Hafen vorfindet (siehe Foto Seite 64/65). Im Scheitel der Bucht liegt der malerisch schöne und farbenfrohe Fischerort Cadaqués, einst Piratenstützpunkt, danach Schmugglernest Nummer eins an der spanischen Küste. Die Faszination, das Licht und die intensiven Farben des abgeschiedenen Ortes zog Schriftsteller, Künstler und Maler – so auch Salvador Dalí – magisch an. Mich persönlich erinnern der geschwungene Küstenverlauf der Bucht, die dicht an dicht gedrängten weißen Häuser mit Terrassen, grünen Fensterläden und Türen und der vom Tourismus noch nicht kommerzialisierte Ort an Fornells auf Menorca, zwei Orte, die auch mich magisch anziehen.
Der Reiz dieses Ortes ist immer noch ungebrochen, heute gehen Fahrtenyachten aus aller Welt in der Bucht vor Anker. In Cadaqués haben einige Taucherbasen ihren Stützpunkt.

Ansteuerung Die Einsteuerung in die Bucht bei Tag ist völlig problemlos, die markante Kirche und die weißen Häuser zeigen den Weg zum Ankerplatz.
Die Nachtansteuerung ist navigatorisch gut vorzubereiten. Von Norden kommend, ist die unbefeuerte Inselgruppe Islas Massina selbst bei Mond eine absolute Gefahrenstelle, weil der Versatz durch Strom bei der Navigation hier oft vernachlässigt wird und die Peilwinkel zwischen den Feuern Cabo Creus und Pta. de Cala Naus für die Positionsbestimmung ungünstiger verlaufen, je näher man an die Küste herankommt.

Liegeplätze Die besten und sichersten Ankerplätze liegen im Nordteil der Bucht auf 5–6 m Wassertiefe. Der Ankergrund besteht aus Sand und Schlick, einzelne Stellen sind fest und steinig; die Zugfestigkeit des Ankers sollte mit der Maschine unbedingt überprüft werden.

Versorgung Man muß sich darauf einstellen, daß es in Port de Cadaqués an Land keine Festmachemöglichkeiten gibt. Lebensmittel und Getränke für den Bordbedarf müssen mit dem Beiboot transportiert werden. Wenn der Dieseltank fast leergelutscht ist, kann man sich die Mindestmenge bis zum nächsten Hafen im Kanister an der Straßentankstelle im Ort besorgen.

Umland Nach meinen Feststellungen liegt das Schiff hier in jeder Beziehung sicher, und wer Abwechslung vom Segelalltag sucht, kann von hier aus schöne Tageswanderungen unternehmen.
Bei der Ortsbesichtigung sollte man unbedingt dem Inneren der Kirche einen Besuch abstatten: Der barocke Holzaltar ist ein besonderes Kunstwerk.
Cadaqués und Port Lligat nebenan sind besonders von den Bergen aus sehr fotogen. Kamera nicht vergessen!

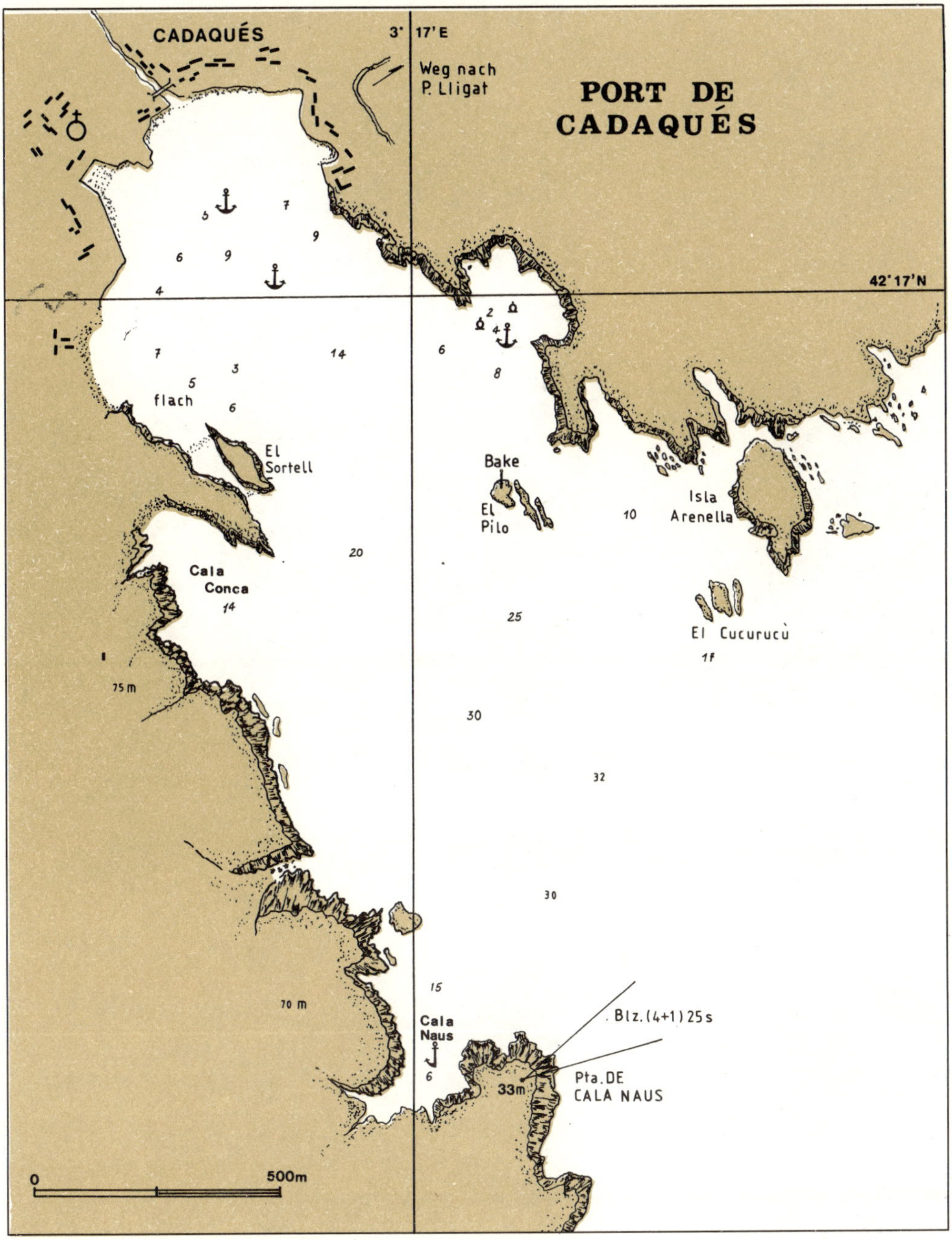

PORT DE CADAQUÉS
CADAQUÉS
3° 17'E
Weg nach P. Lligat
42°17'N
flach
El Sortell
Bake
El Pilo
Isla Arenella
El Cucurucù
Cala Conca
75 m
70 m
Cala Naus
Blz.(4+1) 25s
Pta. DE CALA NAUS
33m
0
500m

Einst Piratennest, heute sicherer Ankerplatz – die malerische Bucht von Cadaqués.

Cala de Jonculls

42°14,7'N
003°16,0'E

Zwischen Cadaqués und Cabo Norféo liegt die nach Osten weit offene Cala de Joncalls, eine Bucht, die man nur als Tagesankerplatz betrachten sollte. Die Felswände rundherum sind hoch und steil, und genauso steil fallen sie auch ins tiefe Wasser ab. Der einzig akzeptable Ankerplatz liegt im westlichen Teil vor dem Hotelkomplex in der Nebenbucht El Llua. Der Ankergrund besteht aus Sand und Steinen. Die privaten Festmachebojen hier und auch in den anderen Buchten haben teilweise am Grundgeschirr lange Leinen, die im Wasser frei herumschwimmen und bei der Ankerplatzsuche für den Propeller gefährlich werden können.

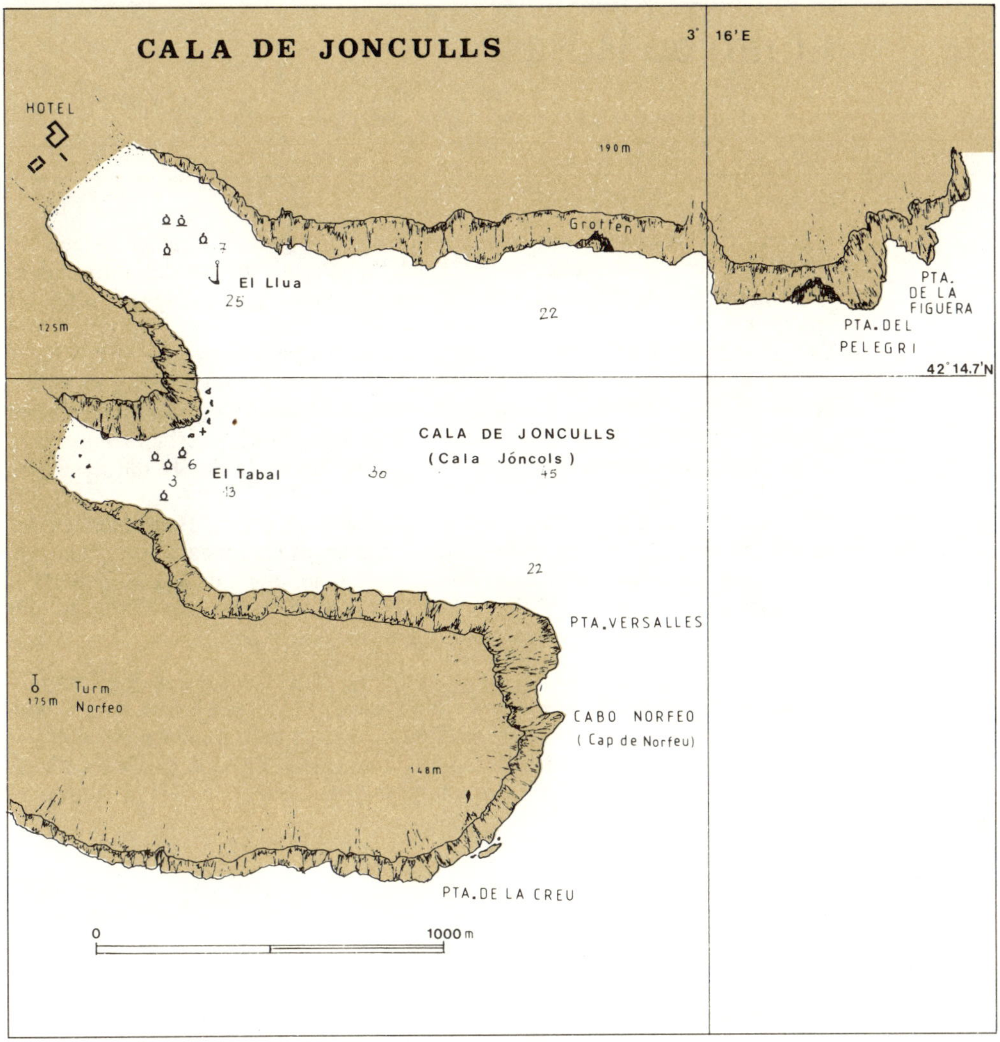

CALA DE JONCULLS
3° 16'E
HOTEL
190m
Grotten
El Llua
25
22
125m
PTA.
DE LA
FIGUERA
PTA. DEL
PELEGRI
42° 14.7'N
CALA DE JONCULLS
(Cala Jóncols)
El Tabal
30
45
13
22
PTA. VERSALLES
Turm
Norfeo
175m
CABO NORFEO
(Cap de Norfeu)
148m
PTA. DE LA CREU
0
1000 m

Golfo de Rosas

Der Golfo de Rosas mit der Badia de Roses im Norden ist in jeder Beziehung ein Revier der Gegensätze: felsige Küstenlandschaft im Norden und Süden, ein fast 10 sm langer Sandstrand mit einer flachen Lagunenlandschaft an der Westseite.

Den zwei Supermarinas Santa Margarita und Ampuriabrava, die von A bis Z auf die Sportschiffahrt ausgerichtet sind, steht der Hafen von Rosas gegenüber, der voll im Besitz der Fischer ist und wo der Sportbootfahrer als lästiges Übel angesehen wird. In dem großen Revier gibt es nur einen Ankerplatz mit Versorgungsmöglichkeiten: in nicht ganz sauberem Wasser in der Badia de Roses direkt vor dem Ort.

Während die französische Trikolore an der Costa Brava auf Booten aller Größen dominiert, ist Ampuriabrava – bei Insidern als Hauptstadt von „Deutsch-Katalonien" bekannt – der letzte Außenposten der ehemals Spanischen Mark von Karl dem Großen. Die „Amtssprache" in Ampuriabrava ist Deutsch, und an den Schiffen weht der „schwarz-rot-goldene Adenauer".

Wettersituation

Im Gegensatz zu den Felsküstenregionen der Costa Brava, wo in den Sommermonaten schwache Winde vorherrschen, wird der Golfo de Rosas stark beeinflußt von frischen Land- und Seewinden. Oft kann man beobachten, daß auf zwei Yachten unter Spinnaker auf Gegenkurs mitten im Golf die Segel einfallen. Auch der Tramontana kann einen hier nochmals in voller Härte treffen.

C.CREUS
Port
Lligat
F
L.MASSINA
Cadaqués
610m
492 m
398m
Sta.
Margarita
Windgeneratoren
Roses
Blz.(4+1) 25s
Ampuriabrava
Cala de
Joncullś
42°15'
Badia
de
Roses
C.NORFÉO
C.FALCO
Ubr.(4) 15s
GOLFO
DE
ROSAS
42°10'N
Blz(2) r.6s
Badia
Clota
L'Escala
Pta.TRENCA BRASOS
Cala de Mongó
3° 10'E

Port Rosas (Roses)

42°15,1′N
003°10,5′E

Im nördlichen Teil vom Golfo de Rosas (Badia de Roses) liegt der Touristenort Rosas mit einem der ältesten Häfen von Katalonien. Der Ort entstand auf den alten Grundmauern der griechischen Kolonie von Rhode. Für die Sportschifffahrt hat der Fischerhafen wenig Bedeutung; trotz der 1990 begonnenen Erweiterung des Hafens bleiben Transityachten weiterhin vor der Tür.

Liegeplätze

Mit Genehmigung des Hafenmeisters können größere Schiffe für kurze Zeit an der Innenseite des südlichen Wellenbrechers festmachen.
Gute Ankerplätze mit Sandgrund liegen nordwestlich vom Hafen.

Versorgung

An der Tankstelle Benzin oder Diesel in die Tanks zu bekommen, ist keinesfalls sicher. Wenn Fischerboote einmal nicht im Päckchen vor dem Anleger festgemacht haben, kann es immer noch passieren, daß die Abgabe verweigert wird unter Hinweis auf die zollfreie Abgabe nur für Fischer. Die Situation soll sich jedoch positiv für die Sportschiffahrt ändern.

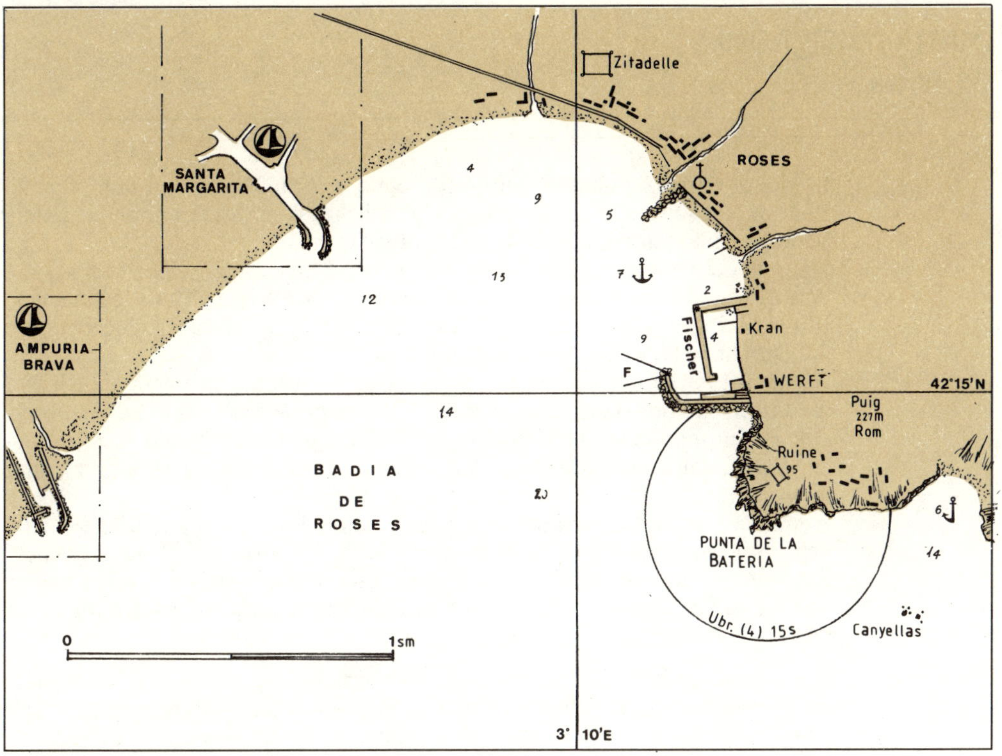

Zitadelle
SANTA
MARGARITA
ROSES
AMPURIA
BRAVA
Fischer
Kran
F
WERFT
42°15'N
Puig
227m
Rom
Ruine
95
BADIA
DE
ROSES
PUNTA DE LA
BATERIA
Ubr. (4) 15s
Canyellas
0
1sm
3°
10'E

Santa Margarita Marina

42°15,2′N
003°09,0′E

In einem ehrgeizig angelegten Großprojekt entstand in einem Sumpfgebiet 1 sm westlich von Rosas (Roses) ein künstliches Kanalsystem und ein „Klein Venedig" in katalanischem Stil: Sta. Margarita.
Hauptverkehrsader im Lagunengebiet ist der Canal Gran. Über verwinkelte Wasserwege kann man mit seiner Yacht direkt vor seinem Haus festmachen. Ein Vorteil gegenüber Ampuriabrava besteht darin, daß hier keine Brücken die Durchfahrt für Segelyachten behindern.
Wie so oft in der spanischen Bauplanung und -ausführung standen auch hier die Interessen des Bauträgers und der Kriegsmarine in krassem Widerspruch. Der Endausbau einer Marina mit etwa 130 Liegeplätzen wurde gestoppt mit der Folge, daß dieser Teil in den letzten Jahren verwahrloste, weil sich keiner mehr zuständig fühlt.
Der Rückgang des Billigtourismus zeigt rund um die Apartmentmonster deutliche Spuren. Selbst in der Ferienzeit bleibt ein großer Teil der Lädchen, Restaurants und Boutiquen geschlossen, und ähnlich wie im Marinabereich kommt es zu Zerfallserscheinungen mit all den negativen Auswirkungen für den Hausbesitzer und Besucher.

Ansteuerung

Die etwa 40 m breite Einfahrt hinter der etwas zu kurz geratenen Schutzmole an der westlichen Stadtbegrenzung von Rosas ist erst spät zu erkennen. Die 10-m-Linie reicht bis dicht an die Mole, dann nimmt die Wassertiefe rapide ab. Bei sommerlichem Wetter und ablandigen Winden ist die Einsteuerung unproblematisch.
Im Sommer 1990 lotete ich in der Einfahrt und kurz dahinter 1,8 m, die Wassertiefe im Canal Gran auf der rechten Seite einlaufend variierte zwischen 1,8 und 2,5 m. Auf der linken Seite wird es sofort flach.

Hinweise

Bei auflandiger See ist die Einsteuerung selbst für Motoryachten gefährlich, und je nach Seegang rate ich von der Einsteuerung ab. Es bildet sich dann eine unberechenbare Grundsee, und der Abstand zum Sandstrand beträgt nur wenige Meter. Bedingt durch die kurze Schutzmole und die Meeresströmungen war die Einfahrt in den vergangenen Jahren mehrmals versandet.
Das Einklarieren war im August 1990 nicht möglich.

Liegeplätze

Die Liegeplätze vor den Villen sind in Privatbesitz, das Festmachen auch für kurze Zeit ist verboten
Die Steganlagen der nicht fertiggestellten Marina sind „Niemandsland", das heißt, man macht fest, wo Platz ist. Gebühren fallen keine an, dafür fehlen alle Service-Einrichtungen.

Anlagen

Am Ende des Canal Gran liegt das Nautic Center S.A. (Tel. 257156), eine Werft mit vorbildlichem Reparaturbetrieb für Diesel- und Benzinmotoren. Für die Marken BMW, Volvo Penta, Perkins, Solé Diesel, Mercedes, Mercruiser, Honda und Johnson werden die wichtigsten Ersatzteile am Lager gehalten.

Lesen Sie bitte weiter auf Seite 74.

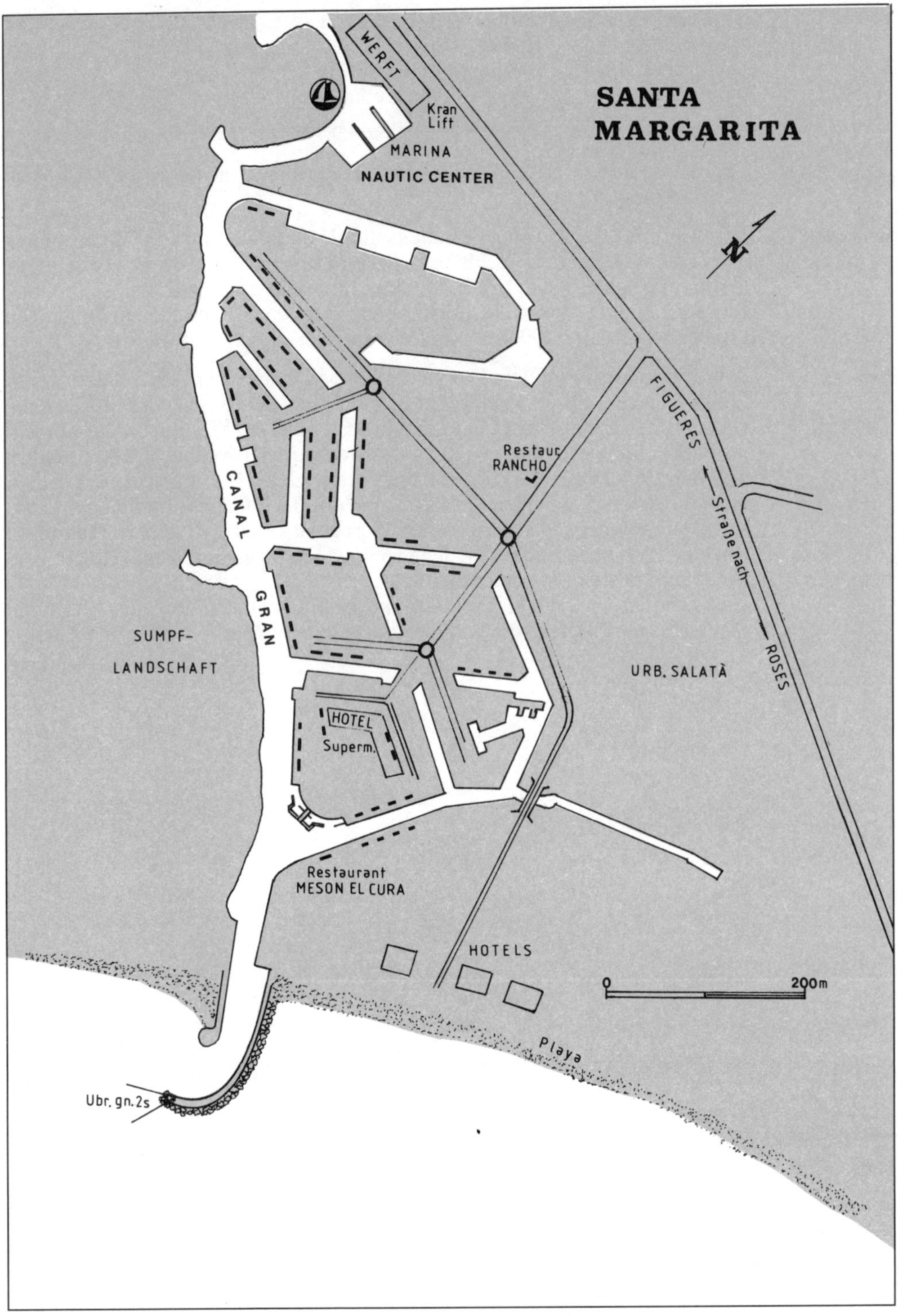
SANTA
MARGARITA
WERFT
Kran
Lift
MARINA
NAUTIC CENTER
N
FIGUERES
Restaur
RANCHO
Straße nach
ROSES
CANAL
GRAN
SUMPF-
LANDSCHAFT
URB. SALATÀ
HOTEL
Superm.
Restaurant
MESON EL CURA
HOTELS
0
200m
Playa
Ubr. gn. 2s

Schiffszubehör und maritime Gegenstände gibt es im Nautic Shop neben der Reparaturannahme. In einer riesigen Halle finden 1000 kleine und mittlere Motorboote Platz zum sicheren Überwintern.
Angeschlossen an die Werft ist eine kleine, saubere Marina mit 153 Liegeplätzen, übrigens die preiswerteste an der Costa Brava (Rufzeichen Nautic Center Rosas, Kanal 72).
Die nächsten Diesel- und Benzintankstellen liegen in Rosas bzw. im Club Nàutic Ampuriabrava.

Versorgung

Von Mai bis Oktober gibt es Lebensmittel, Getränke und Eis in den Supermärkten innerhalb der Hochhäuser. Preisgünstig und gut sortiert ist der Supermarkt im beigefarbenen Apartmenthaus hinter dem ersten Kanal.
Das Restaurant „Meson el Cura" erreicht man am besten mit dem Dingi. Die Fischgerichte waren 1990 gut und preiswert.

Umland

Steht ein Liegetag auf dem Programm, empfehle ich einen Abstecher mit dem Leihwagen zum nahebei gelegenen Figueres und den Besuch des Museu Dalí. Das einstige Theater von Figueres wurde 1974 in ein Museum umgewandelt, wo heute eine Vielzahl der Werke des surrealistischen Malers und Allroundgenies Salvador Dalí untergebracht sind. Ganz gleich, wie man zu Dalí stehen mag, die unterschiedlichen Stilrichtungen und Techniken sind sehr beeindrukkend, jeder findet etwas nach seinem Geschmack. Ich als Segler war fasziniert von einer Serie von Bildern, in denen er die Steinformationen und Farben vom El Golfet künstlerisch verarbeitet hat.
Amüsiert hat mich die große Plastik in der Eingangshalle, wo das Mikron in großen blauen Tropfen vom Rumpf eines gelben Fischerbootes herunterhängt.

Ampuriabrava Club Nàutic

42°14,6'N
003°07,8'E

Die riesige Marina im Golf von Rosas, 1974 offiziell in Betrieb genommen, ist seit dem endgültigen Ausbau das größte und bedeutendste Yachtzentrum in Katalonien.
Böse Zungen bezeichnen Ampuriabrava als den „größten deutschen Sportboothafen“ in Spanien. Die Dimension der Urbanisation mit einem etwa 75 km langen Kanallabyrinth und 2500 Liegeplätzen vermittelt bei der Einsteuerung zunächst ein Gefühl der Unsicherheit, aber wenn man an den hübschen Ferienhäusern mit gepflegten Anlagen und Minigärtchen, die bis ans Wasser reichen, vorbeifährt, stellt man schon nach kurzer Zeit fest, daß man selbst in der Hochsaison hier angenehm und ruhig liegen kann.
Das Nachtleben steht während der Sommermonate für viele Feriengäste und Yachtcrews im Vordergrund, die Umgangssprache in den Restaurants und Bars ist Deutsch mit unterschiedlichen Akzenten. Von November bis Mai wirkt Ampuriabrava wie ausgestorben.
Wegen der niedrigen Brückendurchfahrten ist nur der erste Teil der Marina für Segelyachten erreichbar (im Plan auf Seite 77 gekennzeichnet).

Ansteuerung

Der sicherste Ansteuerungspunkt bei Tag ist der weiße runde Turm des Clubgebäudes mit einer markanten Aussichtskuppel, dessen Form an einen Wasserturm erinnert; bei der Nahansteuerung sieht man die Steinquader der Molenaufschüttung, die sich deutlich vom sonst flachen Sandstrand abheben. Nachts navigiert man nach dem Feuer auf Punta de la Bateria und den Feuern, die die Einfahrt begrenzen (F.r. und Blz. gn.-5s).

Hinweis

Nach meinen Feststellungen neigen die Hafeneinfahrt und der erste Teil des Vorhafens zum Versanden. Zu unterschiedlichen Zeiten habe ich in diesem Bereich nur 2,5 m gelotet. Bei Winden aus östlichen bis südöstlichen Richtungen und auflandigem Seegang ist die Einsteuerung gefährlich und für Segelyachten – abhängig vom Tiefgang – nicht möglich. Auch bei Starkwind ist das Durchfahren des Vorhafens aufgrund der Strömung und der scharfen Kurswinkel schwierig.

Liegeplätze

Nach Erledigung der Zollformalitäten (Einklarieren) – das Zollbüro liegt kurz hinter der Einfahrt auf der Steuerbordseite – machen Transityachten im Port Interior des Clubs Nàutic (Tel. 451239) mit Bug zum Steg und Heckleinen an Dalben fest (siehe Plan Seite 77 und Foto Seite 78/79). Der Marinero teilt die Plätze zu und hilft beim Annehmen der Festmacheleinen.
Nach Aussagen der Direktion werden 100 Liegeplätze für Gäste vorgehalten.

Anlagen

Am Steg sind Anschlüsse für Wasser vorhanden; die Stromversorgung weist erhebliche Mängel auf und ist teilweise nur mit extrem langem Kabel sicherzustellen.
Eine Tankstelle (Benzin und Diesel) findet man im Port Interior (siehe Plan).
Für Arbeiten am Unterwasserschiff und für das Kranen von großen Trailerschiffen gibt es im Club einen 10-t-Kran.
Was Service und Reparaturdienste anbetrifft, erscheint mir die Infrastruktur für einen Hafen dieser Größenordnung als etwas dürftig; hier fehlen zum Beispiel die kleinen Servicebetriebe mit den guten Mechanikern wie auf Mallorca. Es ist einfach zu zeitaufwendig und zu umständlich, für eine simple Motor-

Die Überreste der antiken Siedlung Emporion.

einstellung oder Teilewechsel mit dem Schiff in die Werft zu verholen. Auch hier ist das Clubmanagement gefordert. Erst wenn die gesamte Infrastruktur in dem Riesenkomplex stimmt, bekommt der Ort und auch die Marina das dringend benötigte Leben während der Wintermonate.

Versorgung

Von Mai bis Anfang November gibt es keine Probleme mit der Versorgung. Supermärkte, Wechselstuben, Lädchen für die alltäglichen Gebrauchsartikel und Ferreterias sind bis spätabends geöffnet. Der gutsortierte Schiffszubehörladen Motonautica liegt im Marinakomplex (Tel. 451240).

Umland

Im nahe gelegenen Ruinenfeld Ampurias (Emporion), einst griechisch-römische Siedlung und Eingangstor der antiken Kultur nach Spanien, findet man noch einige Sehenswürdigkeiten der damaligen Architektur. Im Laufe der Geschichte wurde Ampurias mehrmals dem Erdboden gleichgemacht. Die griechische Autonomie wurde von Julius Caesar abgelöst, der den wichtigen Hafen zum Stützpunkt ausbaute. Ganze Arbeit leisteten in der frühgeschichtlichen Epoche die Mönche und andere, die die Steine und Säulen für ihre Klöster und Festungen verwendeten.

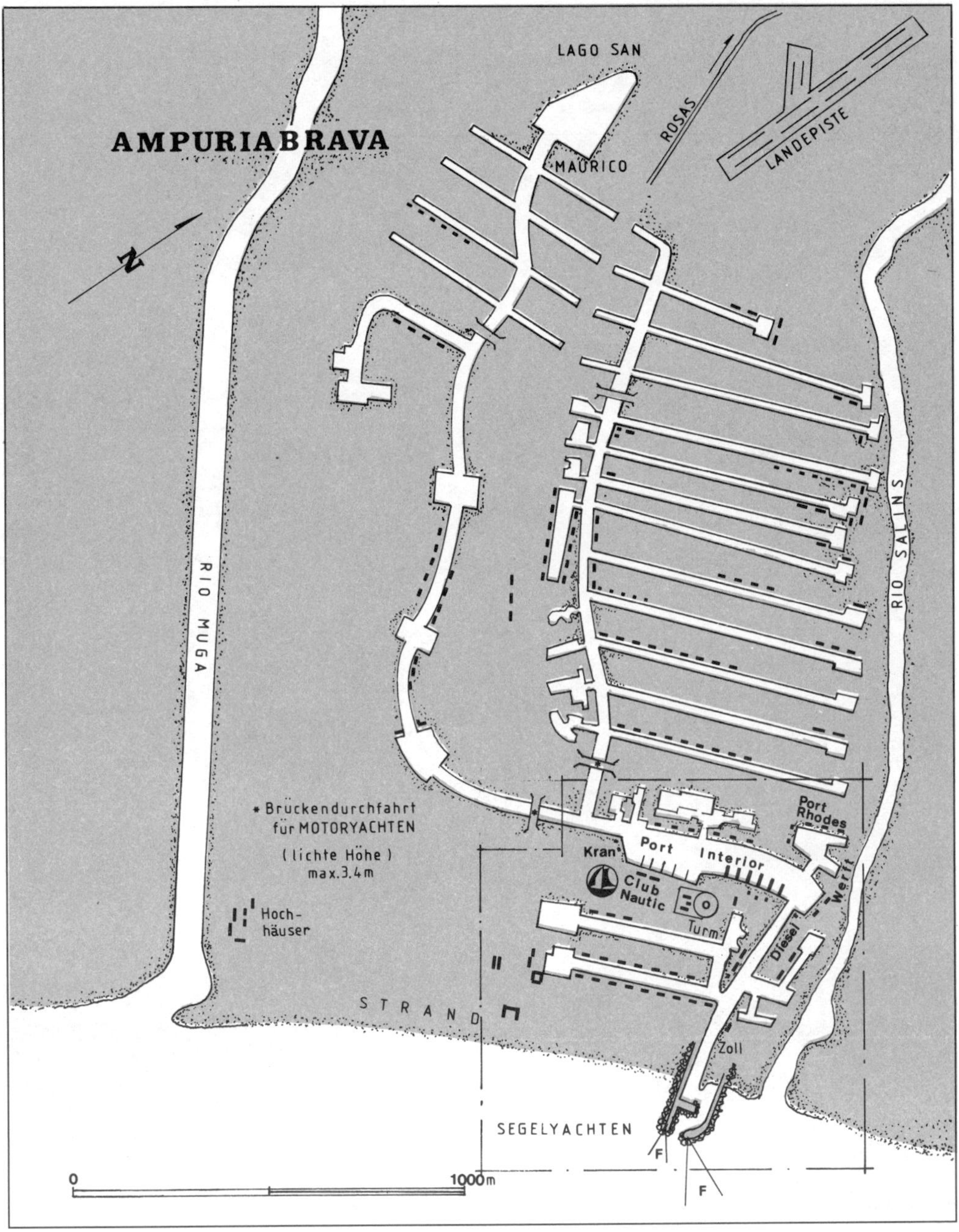
AMPURIABRAVA
LAGO SAN
MAURICO
ROSAS
LANDEPISTE
N
RIO MUGA
RIO SALINS
* Brückendurchfahrt
für MOTORYACHTEN
(lichte Höhe)
max.3.4m
Hoch-
häuser
Port
Rhodes
Kran
Port Interior
Club
Nautic
Turm
Diesel
Werft
Zoll
STRAND
SEGELYACHTEN
F
F
0
1000m

Port Interior mit der Steganlage des Clubs Nàutic in der Lagunenstadt Ampuriabrava.

Port la Clota
Club Nàutic L'Escala

42°07,0'N
003°08,6'E

Im südlichen Teil vom Golfo de Rosas liegt geschützt in der Cala de la Clota (Badia Clota) der Fischer- und Sportboothafen von L'Escala.
Rund um die Cala de la Clota entstand in den letzten Jahren die Urbanización la Clota, deren aufgelockerte Bebauung bis zum Ort L'Escala reicht. Auch in amtlichen Unterlagen neueren Datums bürgert sich langsam die Bezeichnung Port la Clota für diesen Hafen ein.

Ansteuerung

Von Norden kommend, weicht die Felsküste im Golfo de Rosas zurück, und die geschwungene Küstenlinie wechselt abrupt in einen flachen Sandstrand über. Die weißen Häuser von L'Escala sind gut zu sehen.
Von Südosten kommend, kann man die Einfahrt erkennen, wenn man Pta. Trenca Brasos mit dem alten Wachtturm gerundet hat.
Bei der Hafenansteuerung ist auf die vorgelagerten Klippen und Untiefen vor der Schutzmole zu achten, die in einigen Seekarten nicht eingetragen sind.

Liegeplätze

Die Liegeplatzreservierung im Club Nàutic über Kanal 9 ist problematisch; man fährt am besten in den Hafen und macht für weitere Informationen an der Tankstelle fest. Auch in der Hochsaison findet man hier immer noch einen Platz, denn der Club Nàutic hält 218 der insgesamt 435 Liegeplätze für Transityachten bereit.

Anlagen

Die Anlagen und Einrichtungen des Port la Clota wurden in den letzten Jahren stark ausgebaut und modernisiert. Klar getrennt wird jetzt zwischen dem Bereich der Berufs- und Familienfischer, die entlang der Schutzmole festmachen, und der Sportschiffahrt, die im Marinakomplex liegt.
Die Stege sind mit Wasser- und Stromanschlüssen ausgestattet. Toiletten und Duschen befinden sich im Hafenmeistergebäude. Wegen des Einkranens von Trailerbooten spricht man am besten die Servicefirmen innerhalb des Hafens an. Parkplatzprobleme gibt es nicht, der Trailer allerdings muß in L'Escala geparkt werden.

Versorgung

Die Infrastruktur rund um den Hafen hat sich der allgemeinen Kapazitätserweiterung angepaßt. Reparaturbetriebe, Restaurants und Supermärkte sind in wenigen Gehminuten erreichbar. Das Essen im „Els Pescadores" ist gut und preiswert.

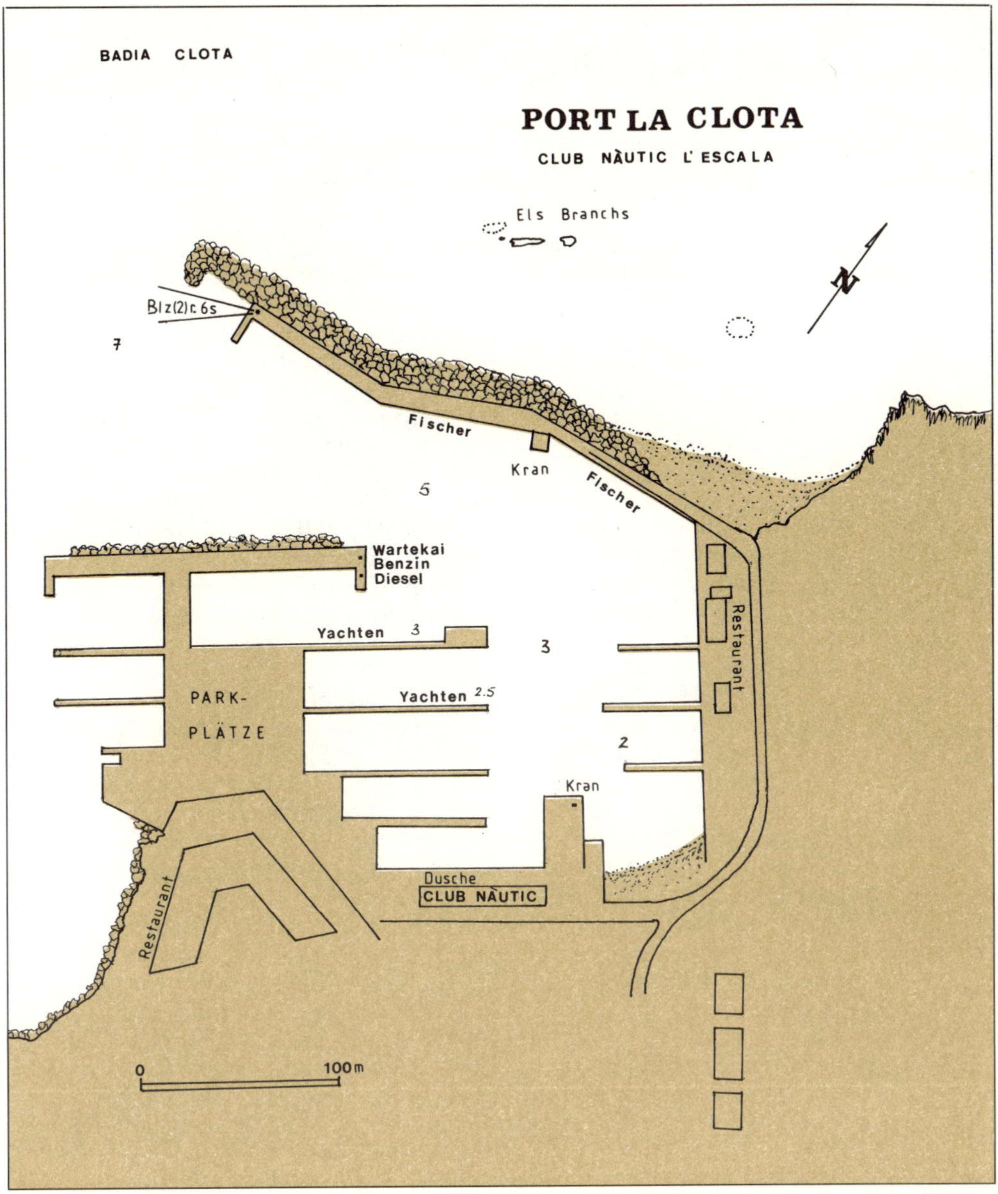
BADIA CLOTA
PORT LA CLOTA
CLUB NÀUTIC L'ESCALA
Els Branchs
N
Blz(2)r.6s
7
Fischer
Kran
Fischer
5
Wartekai
Benzin
Diesel
Yachten 3
3
Restaurant
PARK-
PLÄTZE
Yachten 2.5
2
Kran
Dusche
CLUB NÀUTIC
Restaurant
0
100m

Cala de Mongó bis Tossa

Entlang dieser 30 sm langen, abwechslungsreichen Küste liegen einige landschaftliche Besonderheiten und vier Häfen, die bei stürmischem Wetter guten Schutz bieten. Llafranc kommt als Schutzhafen aufgrund der geringen Liegeplatzkapazität und schwierigen Einsteuerung nicht in Betracht.
Das Naturschutzgebiet Illes Medes im Nordteil besteht aus einer Gruppe von Inseln und vorgelagerten Klippen und einer noch fast intakten Unterwasserwelt, wo in einem Labyrinth von Höhlen eine Vielzahl von Fischen leben, die sonst im Mittelmeer schon selten geworden sind.
Von L'Estartit an dehnt sich die Küste etwa 4,5 sm in einem flachen Sandstrand nach Süden aus. Das südliche Ende der Playa de Pals erkennt man an einem Wald von rot-weißen Funkmasten und an dem auffälligen Torre de Pals.
Danach wird die Küste wieder steil und unwegsam mit Schluchten und Höhlen; an den exponiertesten Stellen liegen an schroff ins Wasser abfallenden Felsen die schönsten und teuersten Hotels der Costa Brava. Gleich hinter Cap Negre befindet sich die Doppelbucht Cala d'Aiguafreda/Cala de Satuna mit dem Luxushotel auf Cap sa Sal.
Die Schönheit der Landschaft blieb im Gedächtnis vieler Spanier haften, die in jungen Jahren in Armut von der „wilden Küste" nach Lateinamerika auswanderten und im Alter hierher zurückkamen und ihren Lebenstraum in Form eines weißen Hauses im Pinienwald oberhalb der Bucht verwirklichten.
Südlich von Cap Begur (Bagur) verliert der Tramontana an Stärke, die Cala d'Aiguablava südwestlich davon zählt zu den schönsten Ankerbuchten der Costa Brava. Oberhalb Punta des Mut liegt weithin sichtbar der einzige Parador (staatliches Touristenhotel) der Costa Brava.
Cabo San Sebastian ist ein hohes Vorgebirge mit gelbrötlich schimmernden Felsen; der weiße Leuchtturm und die Einsiedelei daneben sind von See gut zu erkennen (siehe Foto Seite 84/85). Bei der Nachtnavigation bilden die unbefeuerten Inseln Las Hormigas auf dem Kurs nach Palamós eine absolute Gefahrenstelle. Bei Seegang sind die kleinen Inseln und Klippen teilweise überspült, und die nur 12 m hohe, dunkle Hauptinsel hebt sich kaum vom Horizont ab. Die Hormigas-Durchfahrt zwischen den Inseln und dem Festland ist etwa 550 m breit, die geringste Wassertiefe inmitten der Durchfahrt beträgt 8 m.
Der Hafen und der Ort Palamós sind Zentrum des Wassersports, und ab hier beginnt die Küste der Badebuchten, der Betonburgen und damit auch des Massentourismus.
Navigatorisch ist der gesamte Küstenabschnitt bei Tag und Nacht einfach zu handhaben. Bei verminderter Sicht ist wie überall besondere Vorsicht geboten, und der Sicherheitsabstand zur Küste und den vorgelagerten Inseln muß sorgfältig beachtet werden.
Durch flaches Hinterland bedingte gute Segelwinde gibt es – auch im Sommer – vor der Playa de Pals und südlich von Palamós. Allgemein muß der Abschnitt nördlich von Cap Begur ernster genommen werden, was Wind und Seegang anbetrifft. Entlang der Küste setzt schwacher Strom nach Süden, bei anhaltendem Nordwind erreicht er vor den Kaps 0,5 bis 1 kn.

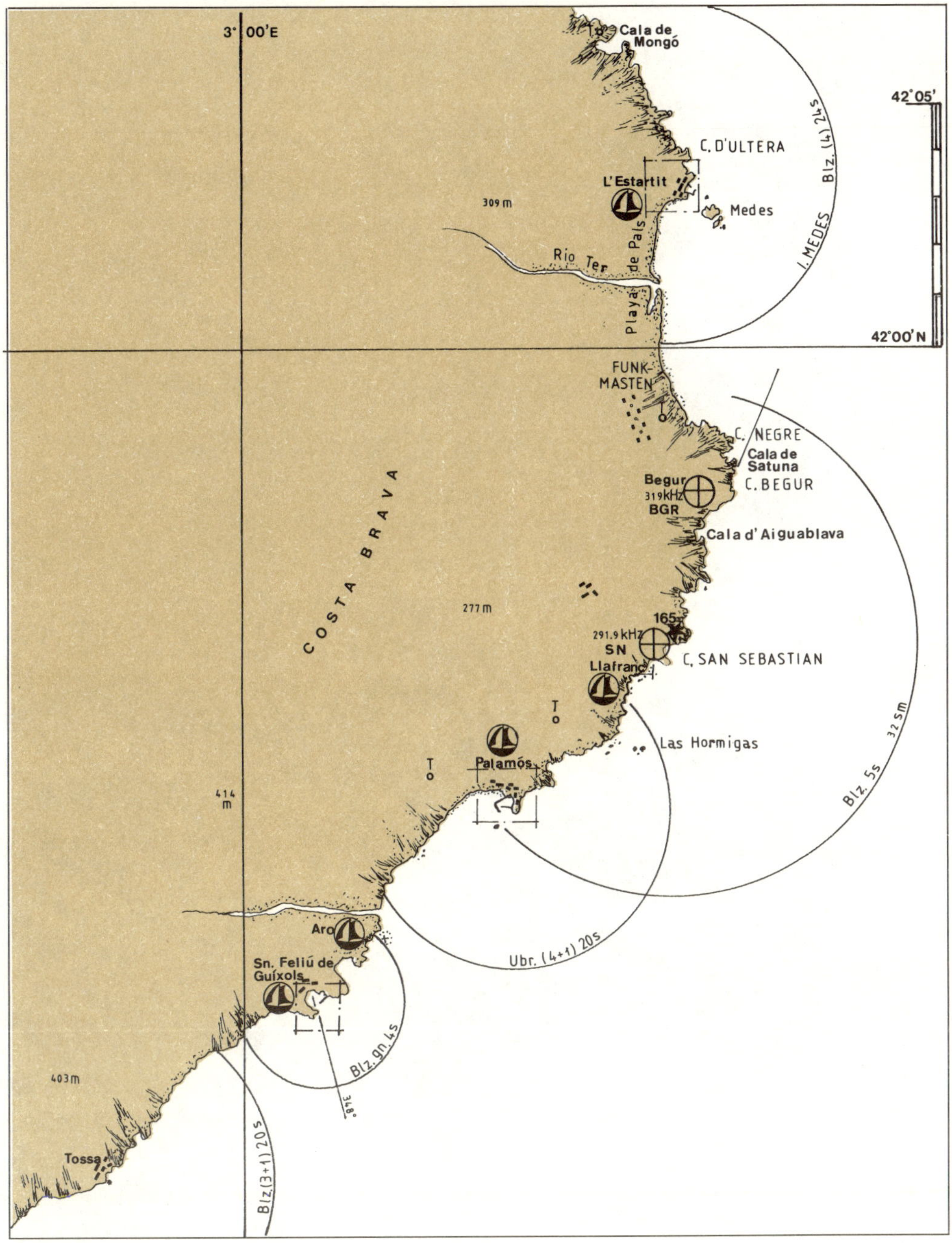
3° 00'E
Cala de Mongó
42°05'
C. D'ULTERA
Blz. (4) 24s
L'Estartit
309 m
Medes
I. MEDES
Rio Ter
Playa de Pals
42°00'N
FUNK-MASTEN
C. NEGRE
Cala de Satuna
Begur
319 kHz
BGR
C. BEGUR
Cala d' Aiguablava
COSTA BRAVA
277 m
165
291.9 kHz
SN
C. SAN SEBASTIAN
Llafranc
Las Hormigas
32 Sm
Blz. 5s
Palamós
414 m
Aro
Ubr. (4+1) 20s
Sn. Feliú de Guíxols
Blz. gn. 4s
348°
403 m
Blz. (3+1) 20s
Tossa

Cabo San Sebastian mit den beiden unverwechselbaren Wahrzeichen, dem weißen Leuchtturm und der Einsiedelei.

Cala de Mongó

42°6,4′N
003°10,8′E

Die Cala de Mongó sollte man nur als Tagesankerplatz zum Baden und Schnorcheln in den Törnplan einbeziehen. Plötzliche Fallwinde und Schwell machen diese Bucht auch in den Sommermonaten zu einem ungemütlichen Ankerplatz.

Ansteuerung

Von L'Estartit kommend, ist der braune Wachtturm auf Pta. Trenca Brasos die beste Landmarke. Bei Ansteuerung aus nördlichen Richtungen sieht man auf große Entfernung die Feriensiedlung mit den weißen Häusern am Berghang und darüber den Wachtturm.

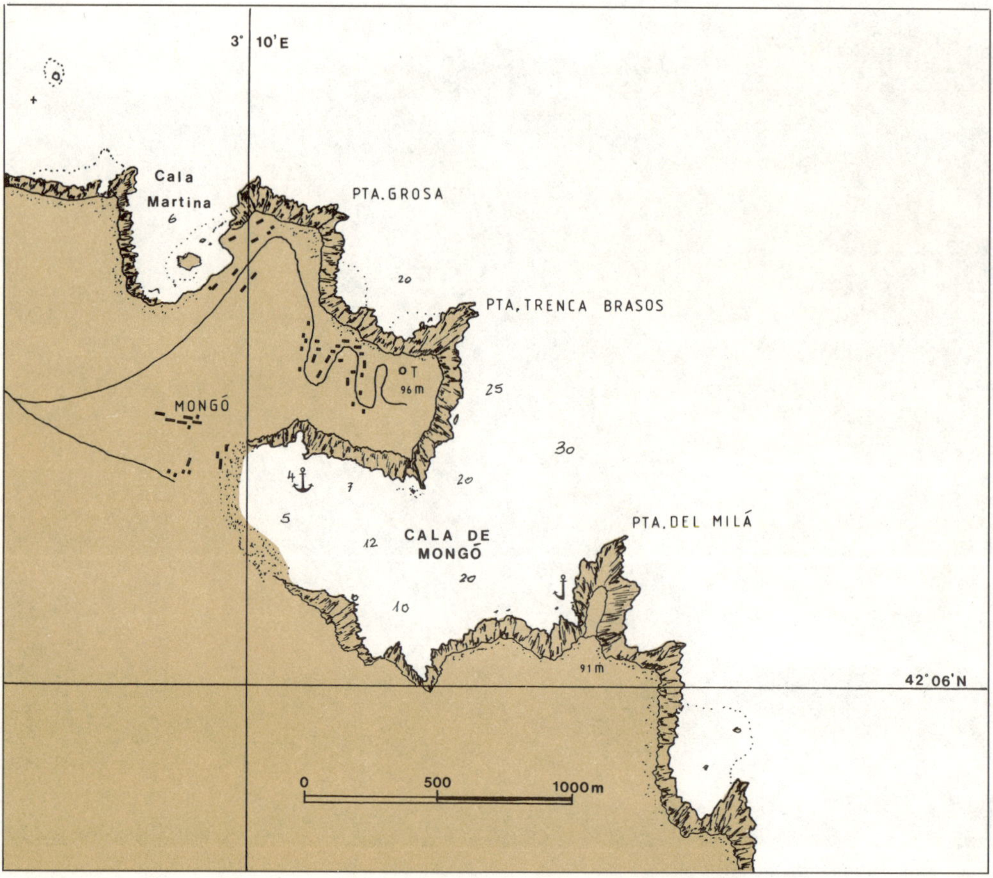

L'Estartit
Club Nàutic

42°03,2'N
003°11,2'E

Gegen Tramontana bestens geschützt, liegt der hübsche Club Nàutic L'Estartit (Puerto del' Estartit) unterhalb eines etwa 100 m hohen Felsplateaus. Im Rahmen einer großangelegten Modernisierung wurde der Club Nàutic weiter ausgebaut und auf 690 Liegeplätze erweitert, wovon 275 als Gastplätze vorgehalten werden. Trotzdem ist der Club in den Sommermonaten oft überbelegt, 1989 machten 5628 Transityachten innerhalb der Clubanlagen fest.
Die Liegegebühren für ein 10-m-Schiff betrugen vom 1. Juni bis 30. September 2700 Pts und in der Vorsaison 1300 Pts pro Tag ohne Mehrwertsteuer (IVA); viel Geld für den Service, der hier geboten wird. Die Winterliegeplätze sind weitaus billiger; die Gebühren für eine 10-m-Yacht betrugen 1990 im Zeitraum vom 15. 10. bis 15. 04. etwa 80000 Pts, doch angesichts der galoppierenden Preise vor Ort kann dies nur als „Richtschnur" gelten.
L'Estartit ist Ausgangspunkt vieler organisierter Tauchergruppen, die im Bereich der Illes Medes zu Neptuns Tiefen hinabsteigen.

Lesen Sie bitte weiter auf Seite 88.

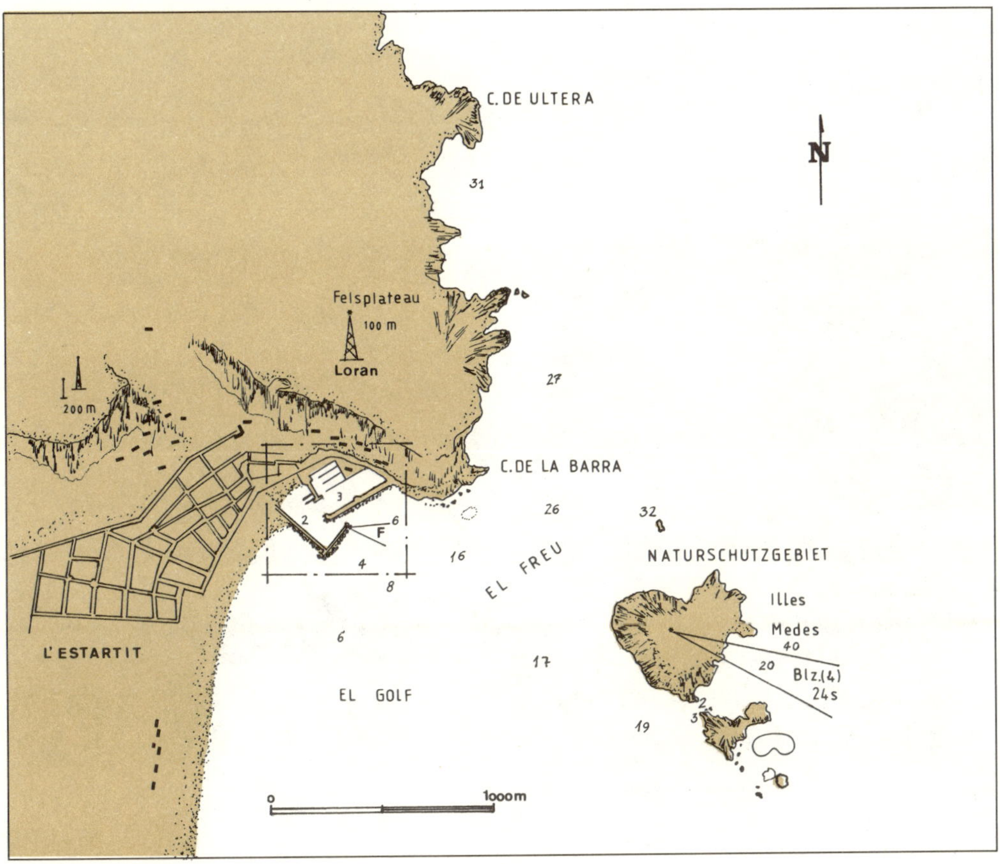

Ansteuerung Die Illes Medes sind bei Tag auf große Entfernung unverkennbare Landmarken. Die Bettensilos westlich vom Hafen lassen sich von See her ebenfalls gut ausmachen (siehe auch Foto Seite 90/91). Bei der Nachtansteuerung navigiert man nach den Feuern Cabo San Sebastian/Punta de Bateria und Illes Medes. Die Hafeneinfahrt ist befeuert.

Liegeplätze Der innere Teil der Ostmole (Dique Este) ist für Fischerboote und die Touristenfähren reserviert. Die Stegliegeplätze im Club sind mit Muringbojen versehen, ebenso mit Wasser- und Stromanschlüssen.
An den Molen wird in der Regel römisch-katholisch festgemacht.
Die Wassertiefe in der Marina variiert zwischen 1,6 und 3 m.

Anlagen Der Club Nàutic (Tel. 758402/758717, Marinero 758103) verfügt jetzt über die notwendigsten Anlagen und Service-Einrichtungen. Schiffszubehör und Motorersatzteile (Volvo/BMW/Mercruiser) findet man im Nauticmar S.A. in Häfennähe, Passeig Maritim 1 (Paseo Maritimo 1), Tel. 758922.
Die Duschen und Toiletten waren 1990 in gutem Zustand.

Versorgung Die Versorgung mit Lebensmitteln und dem üblichen Kleinkram an Bord ist sehr gut. Camping Gaz gibt es in der Ferreteria neben der Kirche.
Die Küche im gutbürgerlichen Restaurant „Lisamar“ ist über Jahre hinweg gleichbleibend gut, Fisch und die Platos de casa sind preiswert.

L'Estartit nach der Hafenerweiterung.

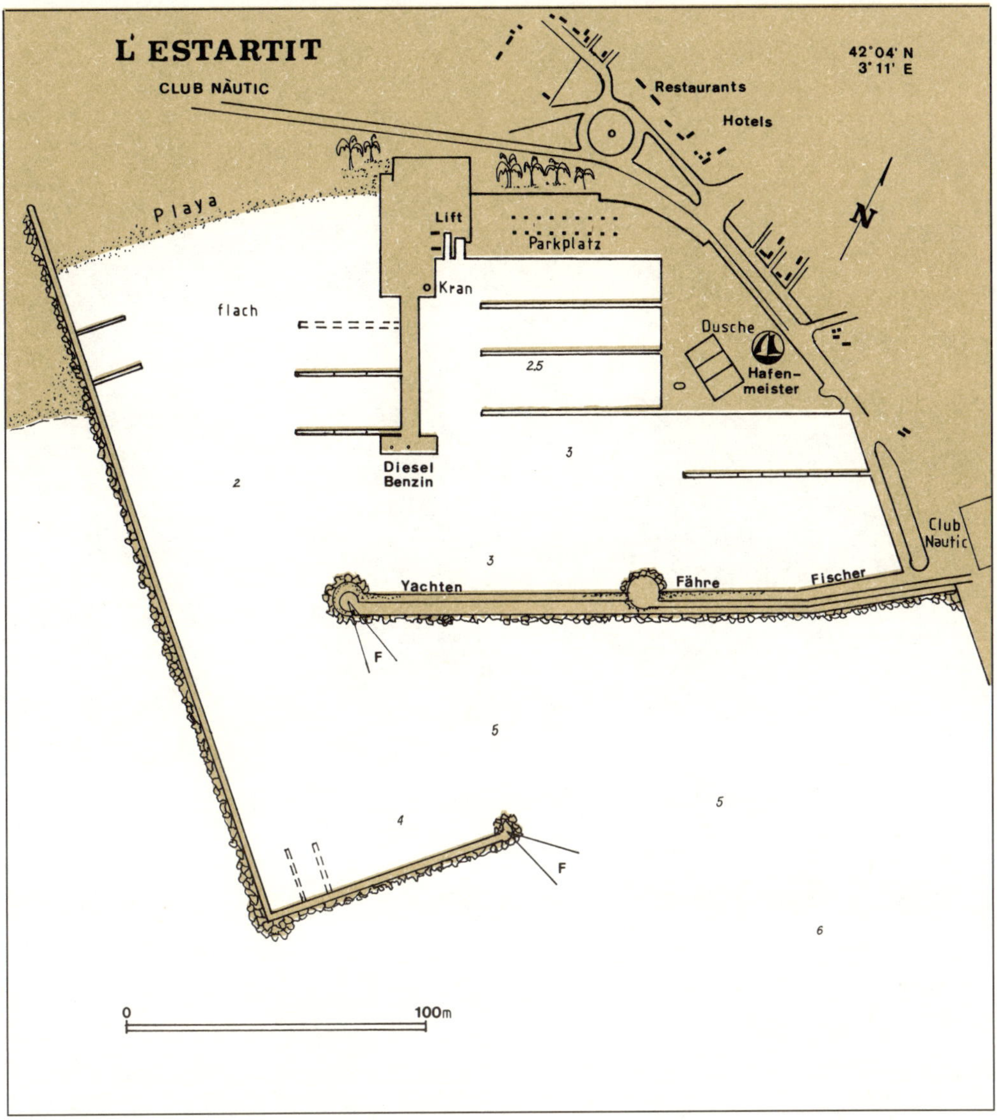
L' ESTARTIT
CLUB NÀUTIC
42°04' N
3°11' E
Restaurants
Hotels
N
Playa
Lift
Parkplatz
Kran
flach
Dusche
2,5
Hafen-
meister
3
Diesel
Benzin
2
Club
Nautic
3
Yachten
Fähre
Fischer
F
5
5
4
F
6
0
100m

L'Estartit, beliebter Stützpunkt für Fahrtenyachten und Sporttaucher.

Cala d'Aiguafreda
Cala de Satuna

57°57,7'N
003°13,8'E

Die in der Mitte etwa 500 m breite Doppelbucht Cala d'Aiguafreda/Cala de Satuna, umgeben von pinienbewachsenen Hügeln, ist in eine reizvolle Landschaft eingebettet.
Die Cala de Satuna läuft im Westen in einen grobkörnigen Sandstrand aus. Dahinter liegt der malerische alte Fischerort Satuna mit kleinen Restaurants und gepflegten Ferienhäusern auf den Hügeln (siehe Foto Seite 94/95).
Die nach Osten weit offene Cala d'Aiguafreda wird beherrscht von dem riesigen Hotelkomplex auf der nördlichen Einfahrtshuk Cap sa Sal.

Ansteuerung

Von Norden kommend, beginnt ab L'Estartit eine flache Küste mit Sandstrand (Playa de Pals), die sich etwa 4,5 sm bis kurz vor Cap Negre hinzieht. Vor der südlichen Begrenzung erkennt man auf große Entfernung die rot-weißen Gittermasten von Funkstationen und eine Feriensiedlung mit braunen, mehrgeschossigen Häusern. Unverkennbare Landmarke für die Einsteuerung ist das Hotel auf Cap sa Sal.
Von Süden her ist das 115 m hohe Cap de Begur (Bagur) mit seinen Sendemasten (Bagur Radio) eine eindeutige Landmarke. Etwa 0,7 sm nördlich davon befindet sich die Einfahrt.

Liegeplätze

Der beste und sicherste Ankerplatz in der gesamten Bucht liegt südwestlich von Punta des Plom, die Wassertiefen variieren hier zwischen 9 und 6 m. In den übrigen Buchten sind bis vor die Strände private Muringbojen ausgelegt, ein sicheres Ankern dazwischen ist kaum noch möglich.

Hinweis

Bei aufkommenden Winden aus Nordost bis Ost wird die Bucht wegen plötzlich einsetzenden Schwells unsicher.
Sicherster Fluchthafen ist Palamós oder, wenn Wind und Seegang es erlauben, der näher liegende Puerto de L'Estartit.

CALAS SATUNA
UND
AIGUAFREDA
3° 13.8'E
41°57.8'N
HOTEL
CAP SA
SAL
5
Cala d'Aiguafreda
9
17
PUNTA
DES
PLOM
T
9
4
10
6
6
SATUNA
Park-
platz
Cala de Satuna
Restaurant
0
200

Der malerische Fischerort Satuna.

Cala d'Aiguablava
Cala Fornells

41°56'N
003°13'E

Die schönen Ankerbuchten Cala d'Aiguablava (siehe Foto Seite 98/99) und Cala Fornells sind während der Ferienzeit das Tagesziel von 50 bis 80 Yachten, Motorbooten, Schiffchen, Schlauch- und Tretbooten, die hier vor Anker gehen oder an einer der Muringbojen festmachen. Außer Schwimmen, Faulenzen, Schnorcheln oder die Zeit an einer der Strandbuden zu vertreiben, ist nicht viel los. Für den Badenden droht selbst in der Nähe seines Bootes Gefahr von den Propellern der PS-starken Motorflitzer, die in neuerer Zeit das Bild der Häfen und Buchten der Costa Brava beherrschen.

Liegeplätze

Bei der Wahl des Ankerplatzes treten hier manchmal die gleichen Probleme auf, mit denen auch die Vögel in großen Kolonien während der Nistzeit konfrontiert werden. Der Raum ist knapp, und dort, wo man noch ein Plätzchen findet, wirft man seinen Anker auf 4 bis 6 m Wassertiefe. Der Grund besteht überwiegend aus gewachsenem Fels mit Flecken aus hartem Sand und mit einzelnen Steinbrocken.
Das Liegen vor Anker während der Nacht sollte man nur bei ablandigen Winden und stabilem Wetter riskieren.
Im Norden der Bucht entstand ein Minihafen; Liegeplätze für Transitboote gibt es hier nicht, zudem befindet sich vor der Einfahrt eine flache Stelle.

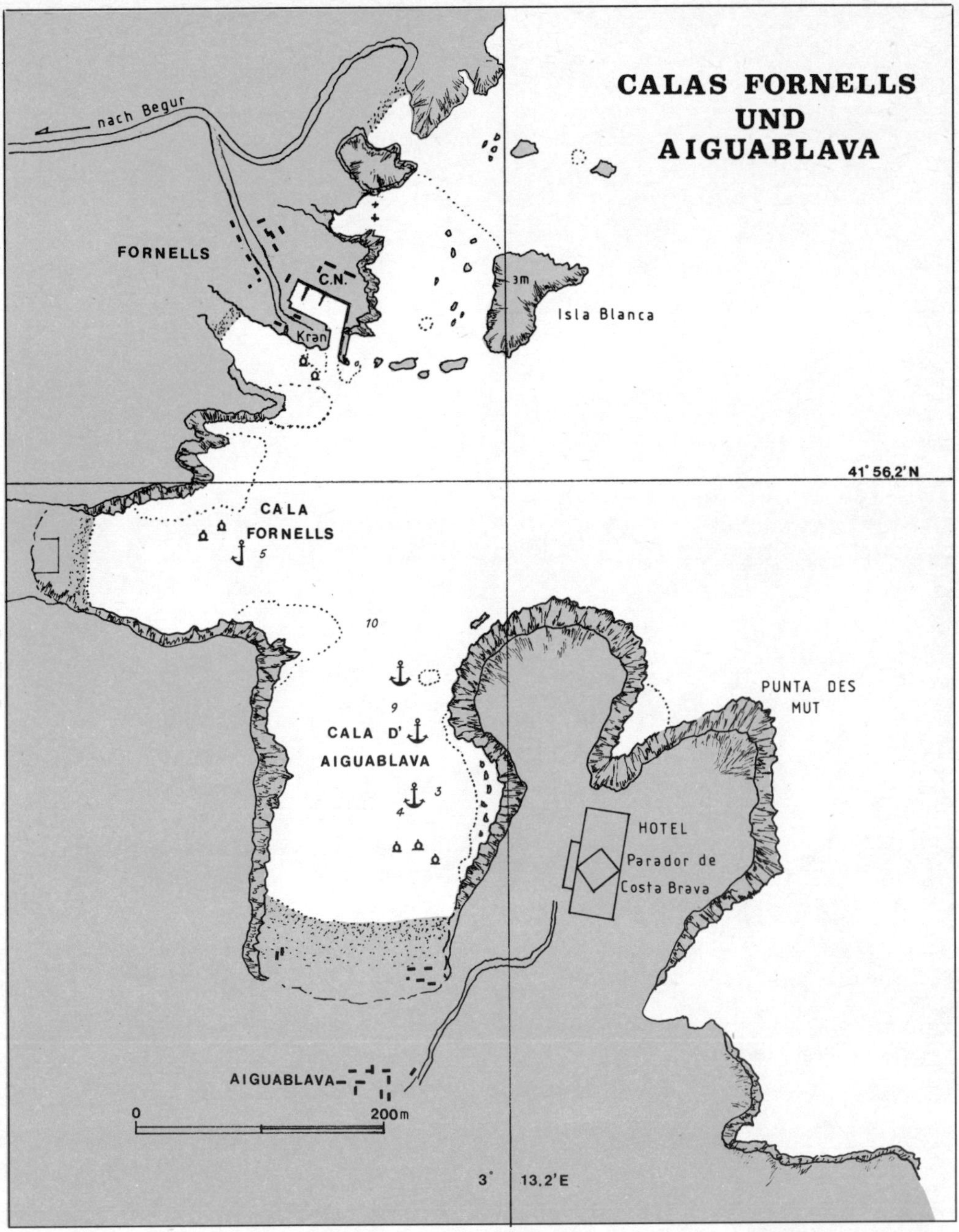
CALAS FORNELLS
UND
AIGUABLAVA
nach Begur
FORNELLS
C.N.
Kran
3m
Isla Blanca
41° 56,2'N
CALA
FORNELLS
5
10
9
CALA D'
AIGUABLAVA
3
4
PUNTA DES
MUT
HOTEL
Parador de
Costa Brava
AIGUABLAVA
0
200m
3°
13.2'E

Die Cala d'Aiguablava zählt zu den schönsten Ankerbuchten an der Costa Brava.

Llafranc
Club Nàutic

41°53,5′N
003°11,6′E

Westlich von Cabo San Sebastian liegt versteckt und gegen die Nordwinde gut geschützt der kleine Club Nàutic Llafranc, ein Sportboothafen wie aus dem Bilderbuch. Im und um den Hafen gibt es alles nur vom Feinsten. Der einzige Nachteil besteht darin, daß der Club Nàutic zu wenig Gastliegeplätze hat.

Ansteuerung Cabo San Sebastian stellt bei der Ansteuerung in die Bucht eine unverkennbare Landmarke dar. Problematisch ist die Einsteuerung bei südwestlichen Winden und entsprechendem Seegang.

Liegeplätze Alle 140 Liegeplätze sind in Privatbesitz. Von 18.00 bis 08.00 Uhr können in Abstimmung mit dem Hafenkapitän ein oder zwei Schiffe am inneren Molenkopf vor dem Kran festmachen; tagsüber legen hier Ausflugsboote an.

Anlagen Die Diesel- und Benzintankstelle ist nur von Mai bis September geöffnet.

Umland Der hübsche kleine Ferienort Llafranc ist während der Sommermonate stark überfüllt; das schließt den kleinen Badestrand mit ein (siehe Foto Seite 102/103). Zudem sind die Preise für katalanische Verhältnisse überzogen.

Im Club Nàutic Llafranc finden Fahrtenyachten nur selten Platz.

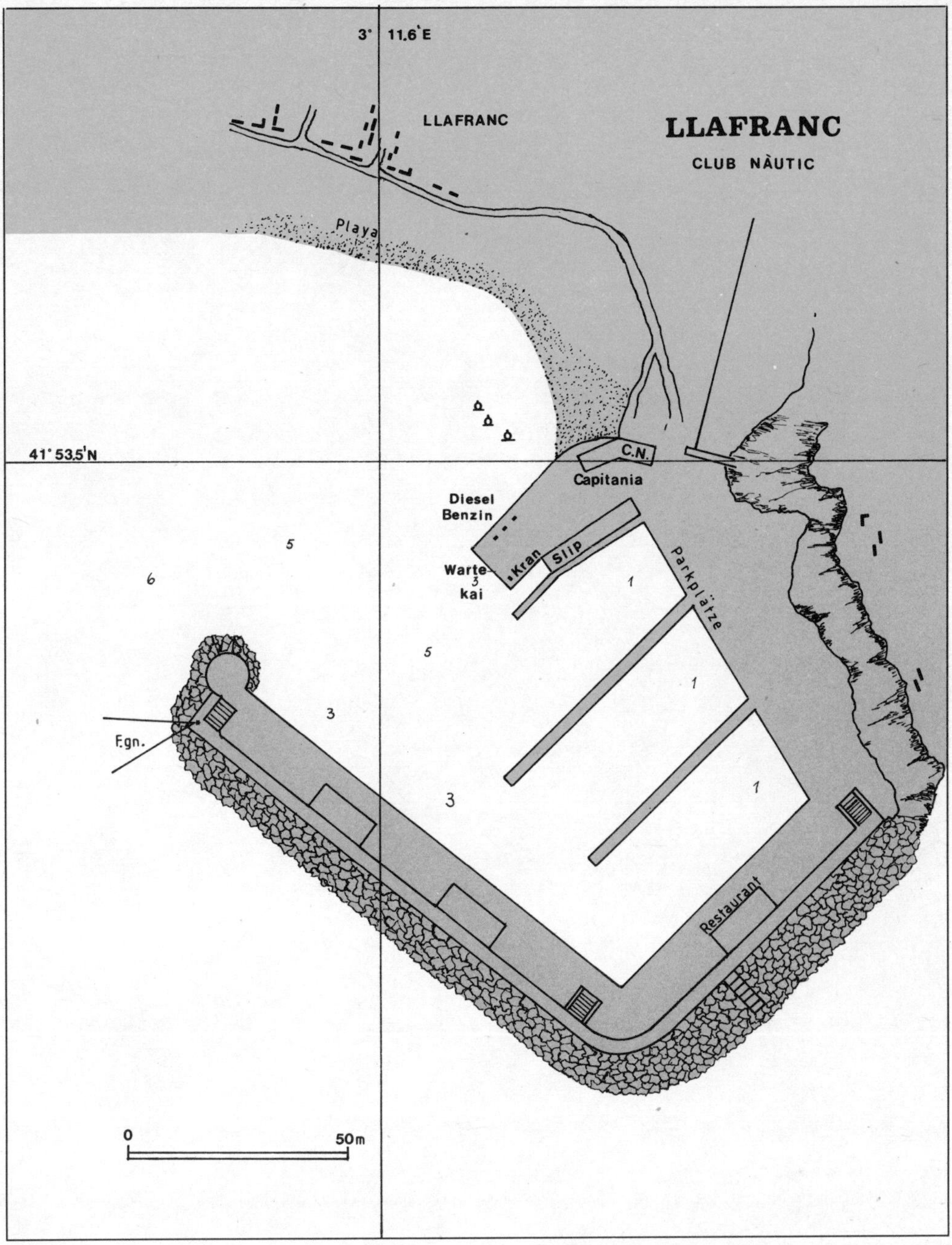
3° 11.6'E
LLAFRANC
LLAFRANC
CLUB NÀUTIC
Playa
41° 53.5'N
C.N.
Capitania
Diesel
Benzin
Kran
Slip
Warte-
kai
Parkplätze
F.gn.
Restaurant
0
50m
5
6
3
5
3
3
1
1
1

Badia de Llafranc.

Puerto de Palamós

41°50,5′N
003°07,1′E

Puerto de Palamós ist nach spanischem Verständnis der wichtigste Hafen in Nordkatalonien, das Städtchen mit dem Hafen jedenfalls ist voller Geschichte und Tradition. Hier wurden einst für entscheidende Schlachten große Flotten zusammengestellt bzw. nach Seegefechten wieder zusammengezogen, wie z. B. die christliche Armada nach der Seeschlacht von Lepanto.
Heute ist der Hafen im geographischen Mittelpunkt der Costa Brava Basis einer großen Fischerflotte. Am nördlichen Pier machen Kümos und kleine Frachter für die Beladung fest, die fast ausschließlich aus Korkeiche besteht.
Die Sportschiffahrt unter ausländischer Flagge ist stark unterprivilegiert: Fast alle der 359 Liegeplätze im Club Nàutic Costa Brava sind in Privatbesitz; etwa 30 Liegeplätze werden für Transitgäste vorgehalten. Die Liegegebühren stehen in keinem Verhältnis zu den Leistungen.
Bei Winden aus SW bietet der Hafen nur geringen Schutz; selbst in der Marina arbeiten dann die wenigen verbliebenen Yachten kräftig in den Leinen, und es kommt häufig zu Schäden.
Von Juni bis September sind der Hafen und der Ort besonders von spanischen Besuchern überfüllt.

Ansteuerung

Von Norden kommend, stellen der weiße Leuchtturm, die dicht daneben stehende Einsiedelei und der Sendemast des Funkfeuers auf Cabo San Sebastian unverkennbare Landmarken dar. Der sich anschließenden 5 sm langen, felsigen Küste sind mehrere kleine Inseln und Klippen vorgelagert. Die unbefeuerte Inselgruppe Las Hormigas, etwa 1,9 sm SSW-lich von Cabo San Sebastian, besteht aus mehreren, bei Seegang überwaschenen Klippen und flachen Inseln; Hormiga Grande ist etwa 12 m hoch. Die Durchfahrt zwischen den Hormigas und dem Festland (Freu de las Hormigas) ist bei Tag und guten Wetterbedingungen ungefährlich.
Die Leuchttonne, die die felsige Untiefe Bajo Pereira (Llosa de Palamós) bezeichnet, und der Wellenbrecher sind beim Näherkommen gut zu sehen.
Bei Nacht navigiert man nach den Feuern auf Cabo San Sebastian und Cabo de Tossa, im Einsteuerungsbereich nach dem Feuer auf Punta del Molino und der Leuchttonne Bajo Pereira. Die Hafeneinfahrt ist ebenfalls befeuert.

Liegeplätze

In der Bucht kann man frei ankern. Für das Festmachen innerhalb der Clubanlagen wurden 1990 für ein 10-m-Schiff 2400 Pts ohne Steuer berechnet. Festgemacht wird an Muringbojen mit Leinen zum Steg. Zum Einklarieren kommt die Guardia Civil ans Schiff.

Anlagen

Der Club Nàutic Costa Brava (Tel. 314324) verfügt über die notwendigsten Anlagen und Einrichtungen. Die Tankstelle für Diesel und Benzin ist von 09.00 bis 19.00 Uhr geöffnet.

Versorgung

Die Versorgungsmöglichkeiten im Ort sind ausgezeichnet. Frisches Obst und Gemüse gibt es günstig vormittags auf dem Markt, frischen Fisch in der Fischhalle (Lonja) nachmittags nach dem Einlaufen der Fischerboote.

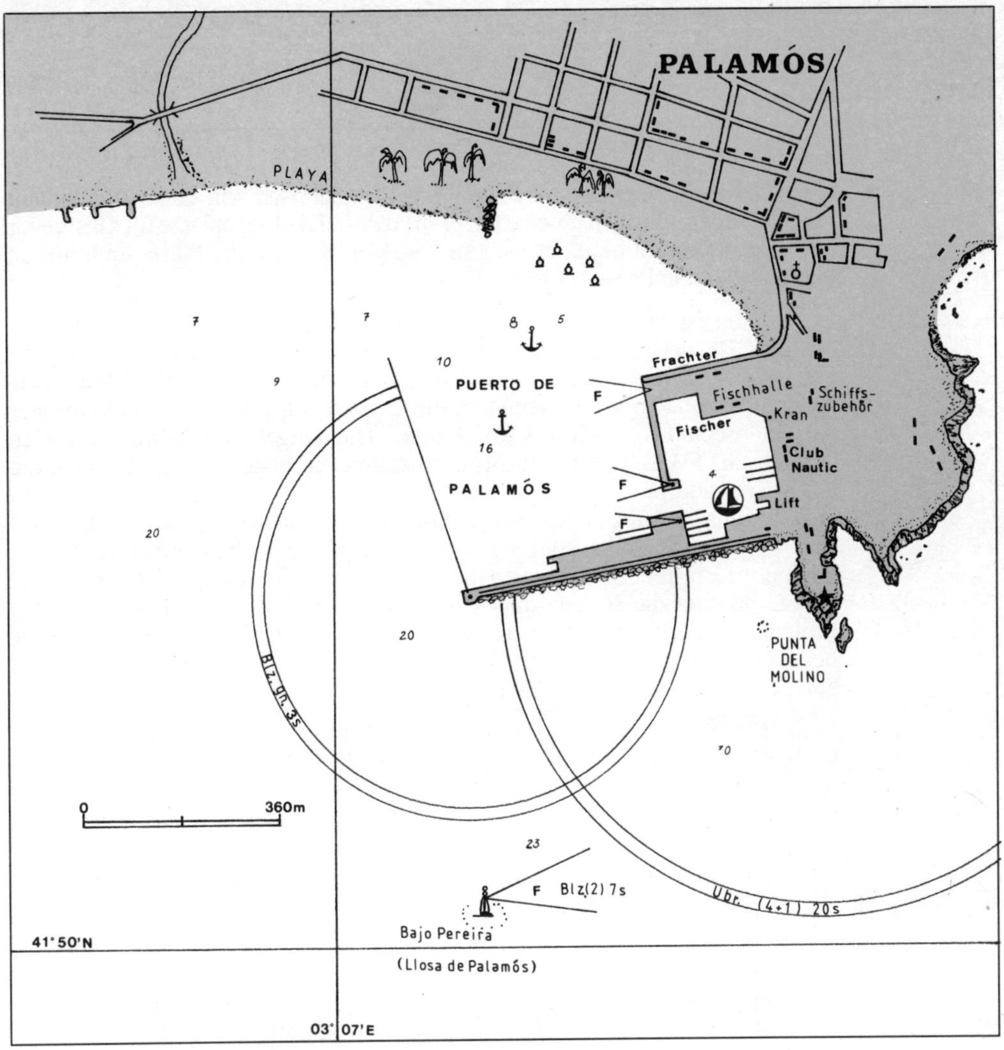

PALAMÓS
PLAYA
Frachter
PUERTO DE
PALAMÓS
F
Fischhalle
Schiffs-
zubehör
Kran
Fischer
Club
Nautic
Lift
PUNTA
DEL
MOLINO
Blz. gn. 3s
Ubr. (4+1) 20s
0
360m
F
Blz(2) 7s
Bajo Pereira
(Llosa de Palamós)
41°50'N
03° 07'E

Port d'Aro
Club Nàutic

41°47,1'N
003°03,1'E

Nur 3,7 sm südwestlich von Palamós liegt, malerisch von einem Pinienhain umgeben, der künstlich geschaffene Port d'Aro. Die Liegeplätze für Gastlieger und Transityachten befinden sich im vorderen Becken, die Plätze im hinteren Hafenteil sind in Privatbesitz.

Ansteuerung

Der Hafen ist in vielen Seekarten und nautischen Unterlagen noch nicht erwähnt. Bei der Ansteuerung aus südlichen Richtungen sind die Betonburgen entlang der Playa d'Aro auf große Entfernung zu sehen. Zwischen den Hochhäusern von Palamós und den Betontürmen von Playa d'Aro liegt ein felsiger Küstenabschnitt von etwa 2 km Länge. Die Hügel sind dicht mit Pinien bewachsen. SW-lich vom Sandstrand beginnt die bogenförmige Schutzmole aus Steinquadern.
Bei der Einsteuerung bleibt die rote Spitztonne inmitten der Einfahrt an Backbord. Revierunkundige Skipper sollten nachts nicht einlaufen. Die flachen Stellen im Einsteuerungsbereich sind bei Nacht äußerst schwer zu erkennen, zudem arbeitet die Befeuerung nicht zuverlässig. Das grüne Feuer auf dem Molenkopf war im Juli 1990 verloschen, das rote Feuer liegt zu tief im Marinabereich und ist erst bei der Einsteuerung zu sehen. Siehe auch Ansteuerung San Feliú de Guíxols (Seite 108).

Liegeplätze

In der Marina gibt es nur 11 Liegeplätze für Gastlieger. Es ist zweckmäßig, den Club Nàutic frühzeitig über Kanal 9 oder Tel. 818929 anzurufen und die Situation abzufragen.
Spät ankommende Yachten finden gelegentlich noch einen Platz für die Nacht am Wartekai vor der Tankstelle. Wasser und Strom gibt es an allen Liegeplätzen. Die Liegegebühren bewegten sich 1990 zwischen 1650 und 4800 Pts pro Tag, je nach Schiffslänge.

Anlagen

Die Anlagen, Einrichtungen und die Organisation im Clubbereich sind mit das Beste, was man entlang der Costa Brava findet. Die sanitären Anlagen und Duschen (einschließlich Sauna) sind vorbildlich, Sauberkeit eingeschlossen.
Der tägliche Seewetterbericht mit Vorschau wird neben dem Clubbüro ausgehängt. Die Benzin- und Dieselzapfstellen am Wartekai sind ganztägig geöffnet.

Versorgung

Lebensmittel und Getränke bekommt man in den Sommermonaten am günstigsten im Supermarkt auf dem nahe gelegenen Campingplatz.
Als einziges Restaurant kann ich nur das Clubrestaurant empfehlen, Spezialität: Frischfisch. Das Ehepaar Xerta ist bemüht, für die Gäste die bestmögliche Relation Preis/Leistung zu erzielen.

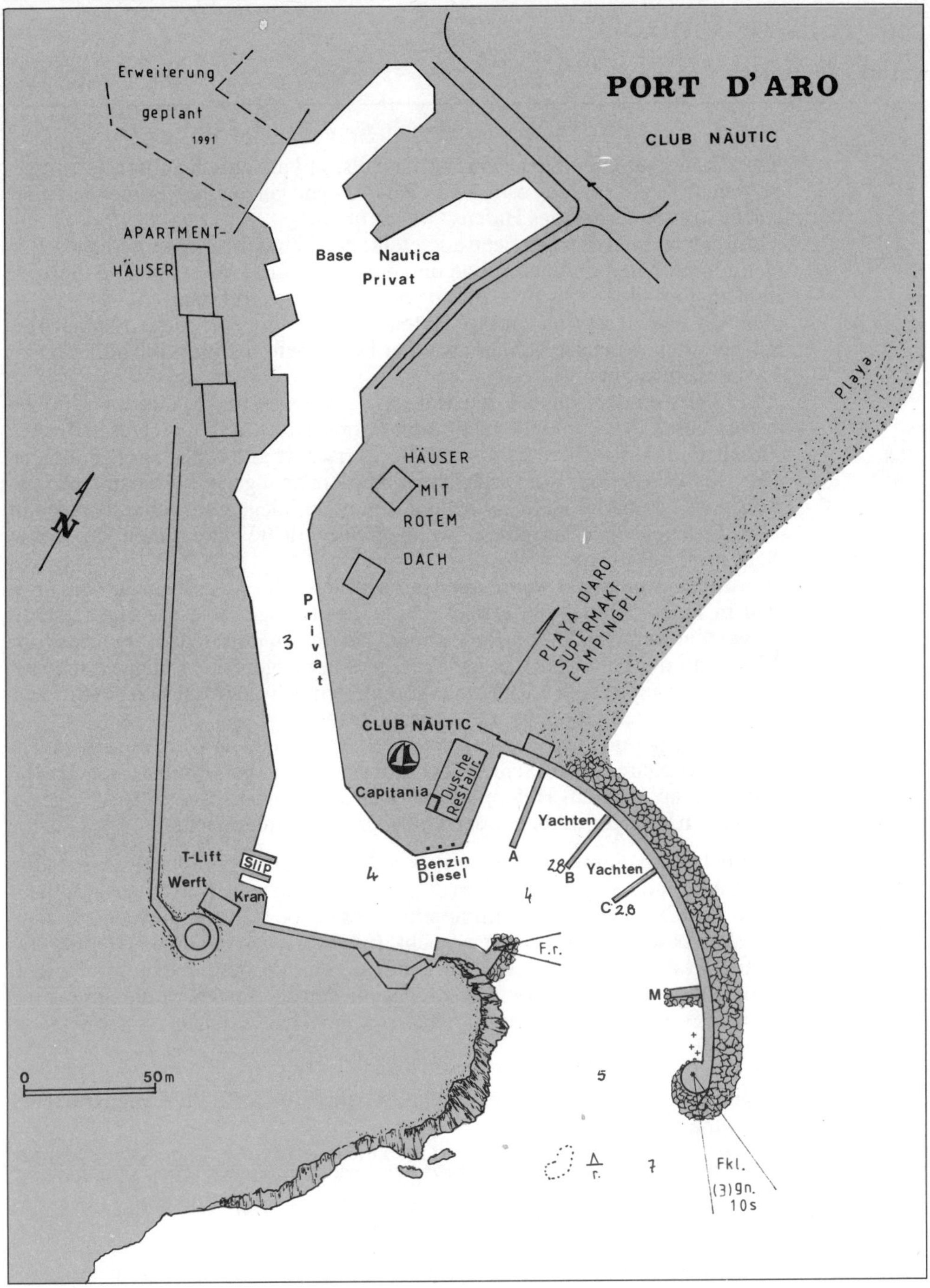
PORT D'ARO
CLUB NÀUTIC
Erweiterung
geplant
1991
APARTMENT-
HÄUSER
Base Nautica
Privat
HÄUSER
MIT
ROTEM
DACH
Privat
3
PLAYA D'ARO
SUPERMAKT
CAMPINGPL.
Playa
CLUB NÀUTIC
Capitania
Dusche
Restaur.
Yachten
Yachten
T-Lift
Slip
Werft
Kran
4
Benzin
Diesel
A
2,8
B
4
C
2,8
F.r.
M
0
50m
5
r.
7
Fkl.
(3) gn.
10s

San Feliú de Guíxols
Club Nàutic

41°46,5′N
003°01,9′E

Der Tiefwasserhafen Sant Felíu de Guíxols, in katalanisch „Gischols“ ausgesprochen, liegt 6 sm südwestlich von Palamós und gilt nur im Sommer als sicher (siehe „Besonderheit des Hafens“ weiter unten).
Das Becken ist in drei Bereiche aufgeteilt: den Handelshafen im östlichen Teil, den Fischerhafen nördlich davon und den Club Nàutic Sant Feliú de Guíxols, zu dem auch die Liegeplätze entlang der Schutzmole gehören.
Ähnlich wie Blanes haben der Hafen und der Ort eine lange Seefahrtsgeschichte, schon bei den Römern war der Hafen befestigt und als Handelshafen Gesirona bekannt.
Um 1250, nachdem Jaime I. die Mauren aus Valencia und Mallorca vertrieben hatte, wurde die essentielle Institution „Consolat de Mar“ geschaffen für den Erhalt und Ausbau der spanischen Seeherrschaft im westlichen Mittelmeer. Das Consolat de Mar war vergleichbar mit dem heutigen Oberseeamt in Hamburg, das juristische Fälle auf See klärte und im Gegensatz zum Oberseeamt auch Urteile fällte. Eines dieser wenigen Seegerichte hatte seinen Sitz hier in Sant Feliú de Guíxols.
Für die Korkindustrie wurde der Hafen 1910 wieder ausgebaut und die etwa 500 m lange Schutzmole errichtet. In den fünfziger und sechziger Jahren gewann er immer mehr an Bedeutung, 1965 machten bis zu 40 Frachter pro Monat an der Handelsmole fest. Im Zuge der allgemeinen Handelsstruktur und des expandierenden Tourismus verlagerten sich die Interessen der Stadtväter gezwungenermaßen mehr auf den Yachtsport.
Für den Segler und Motorbootfahrer besitzt San Feliú de Guíxols unglaublich viel Atmosphäre, weil es seinen Charakter als Hafen bewahrt hat. Aus der Tradition heraus sind das Hafenpersonal und die Einwohner des Ortes dem seefahrenden Volk gegenüber äußerst hilfsbereit und freundlich.

Ansteuerung

Von Palamós kommend, gibt (gab) es auf dem Kurs entlang der Küste in Höhe der Einfahrt des Club Nàutic Port d'Aro im Abstand von etwa 0,5 sm die gefährliche Untiefe Laja la Llosa. Im Sommer 1989 habe ich vergeblich die als überwaschen beschriebene Untiefe gesucht. In Gesprächen mit dem Hafenmeister vom Port d'Aro und mit Fischern von San Feliú wurde mir später mitgeteilt, daß diese gefährliche Untiefe gesprengt worden sei. Inwieweit die Sprengung unter Wasser Platz geschaffen hat, kann ich nicht beurteilen; es ist also Vorsicht geboten.
Bei der Einsteuerung in den Hafen muß man mindestens 25 m Abstand zum Molenkopf halten; der bei einem Oktobersturm zerstörte alte Molenkopf liegt dicht unter Wasser.
Bei der Nachtansteuerung navigiert man nach den Feuern Cabo San Sebastian, Puerto de Palamós, Cabo de Tossa und im Einsteuerungsbereich nach den beiden roten Feuern in der rechtweisenden Linie 343°. Der Wellenbrecherkopf ist grün befeuert.

Liegeplätze

Die Hafenbehörde weist mit einem Schild am Molenkopf darauf hin, daß innerhalb der Bucht das Ankern verboten ist. Das sollte man respektieren, auch wenn Hafenhandbücher Ankermöglichkeiten ausweisen. Für die Platz-

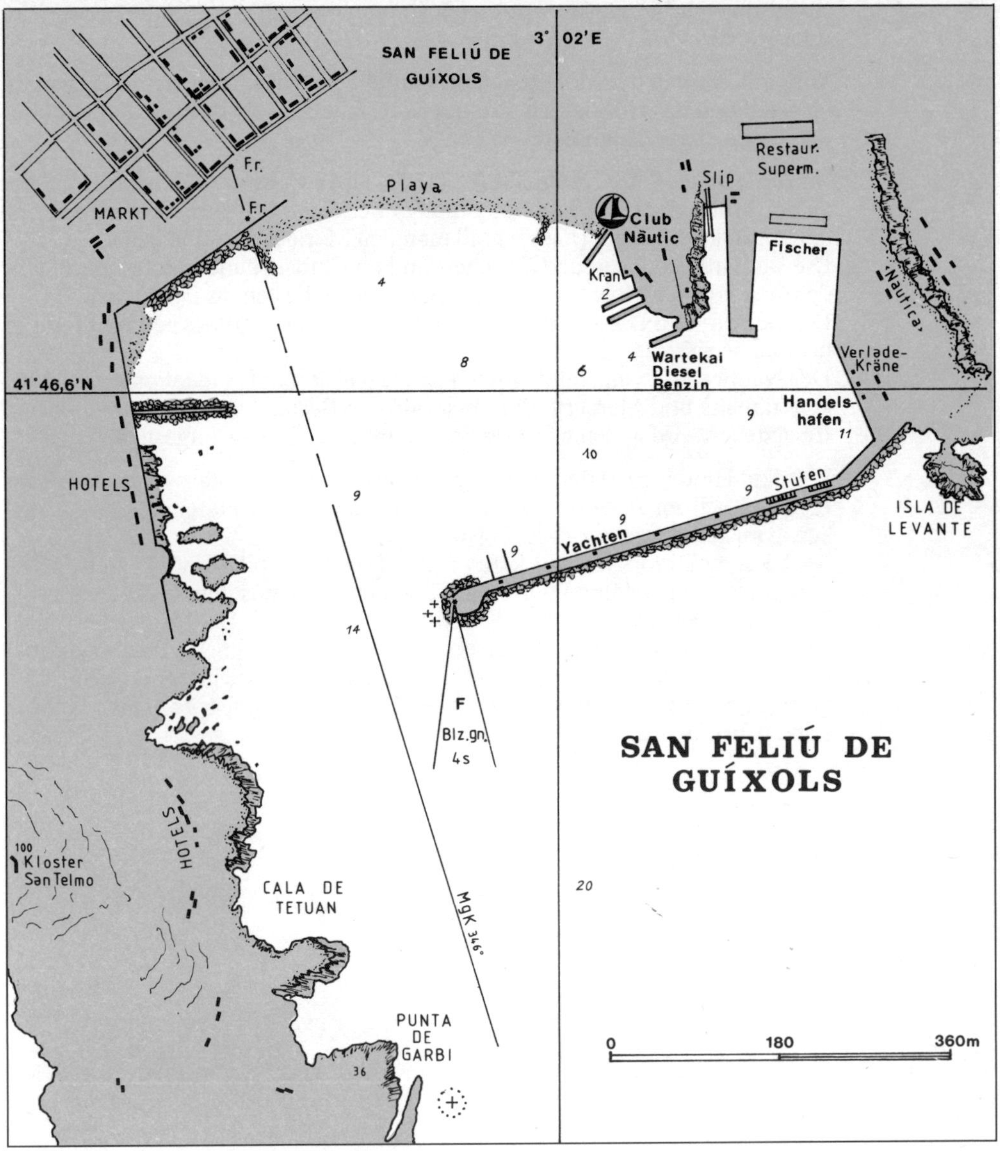

SAN FELIÚ DE GUÍXOLS
3° 02'E
41°46,6'N
MARKT
Fr.
Fr.
Playa
Club Nàutic
Slip
Restaur.
Superm.
Fischer
Kran
Wartekai
Diesel
Benzin
Nautica
Verlade-
Kräne
Handels-
hafen
Stufen
Yachten
HOTELS
ISLA DE
LEVANTE
F
Blz.gn.
4s
SAN FELIÚ DE
GUÍXOLS
Kloster
San Telmo
HOTELS
CALA DE
TETUAN
MgK 346°
PUNTA
DE
GARBI
0
180
360m

zuweisung macht man am Wartekai fest, oder man ruft Club Nàutic Sant Feliú über Kanal 9.

Hinweis

Wird ein Platz an der Mole zugeteilt, empfehle ich das Anlegen mit Bugleinen an Land und mit Heckleinen an einer Muring. Die Mole ist hoch und nur über den Bugkorb zu erklimmen.

Anlagen

Im Bereich des Club Nàutic (Tel. 321700) gibt es Wasser und Strom am Steg, an der Mole wird die Wasserversorgung über einen Clubschlauch mit Spezialanschluß sichergestellt (hierzu muß man den Marinero ansprechen).
Die sanitären Anlagen und Duschen sind im Clubgebäude untergebracht (für den Weg von der Mole bis hierher steigt man am besten ins Dingi um).
Die Benzin- und Dieselzapfstellen sind vor- und nachmittags geöffnet (von 13 bis 16 Uhr Siesta).
Der Nautica Shop im Hafenbereich ist spezialisiert auf Außenborder der Marken Yamaha und Mercury; der noch dürftige Bestand an Schiffszubehör und Ersatzteilen wird in den nächsten Jahren möglicherweise aufgestockt.

Besonderheit des Hafens

Vor dem Hintergrund der schwierigen Einsteuerung bei Starkwind aus NE bis E sprach ich im August 1990 den Clubmanager und Hafenkapitän an und bezog mich auf eigene Erfahrungswerte.
Nach kurzer Diskussion wurde Juan Albó Frigola, Kapitän der Handelsmarine und Lotse für die Häfen Puerto Sant Feliú und Palamós, hinzugezogen.
Mir wurde bestätigt, daß der Hafen bei Stürmen aus Ost bis Nordost nicht ansteuerbar ist. Der wetterkritische Zeitraum liegt zwischen Ende September und Anfang Mai. Das gilt sowohl für die Handels- als auch für die Sportschifffahrt. Für diesen Zeitraum werden alle Motor- und Segelboote in Sant Feliú an Land gebracht.

Schon bei den Römern hatte der Hafen San Feliú de Guíxols Drehscheibenfunktion.

Tossa bis Arenys de Mar

Südwestlich von Tossa werden die Buchten rar, die Sandstrände breiter, die Felsen immer seltener, und das Hinterland wird ebener.
Etwa 1,2 sm südwestlich von Cabo de Tossa liegt, wenige Zentimeter aus dem Wasser ragend, die äußerst gefährliche Klippe La Muladera ungefähr 160 m vor der Küste. Bei ruhiger See ist die Gefahrenstelle selbst für das geschulte Auge erst im 20-m-Bereich zu erkennen.
Die Stadt Lloret de Mar ist das größte Tourismuszentrum in der Region. Rund um den 1 km langen Sandstrand drängen sich dicht an dicht Hotelkomplexe, Apartmenthäuser und Kneipen jeder Preislage. Bei ablandigen Winden kann

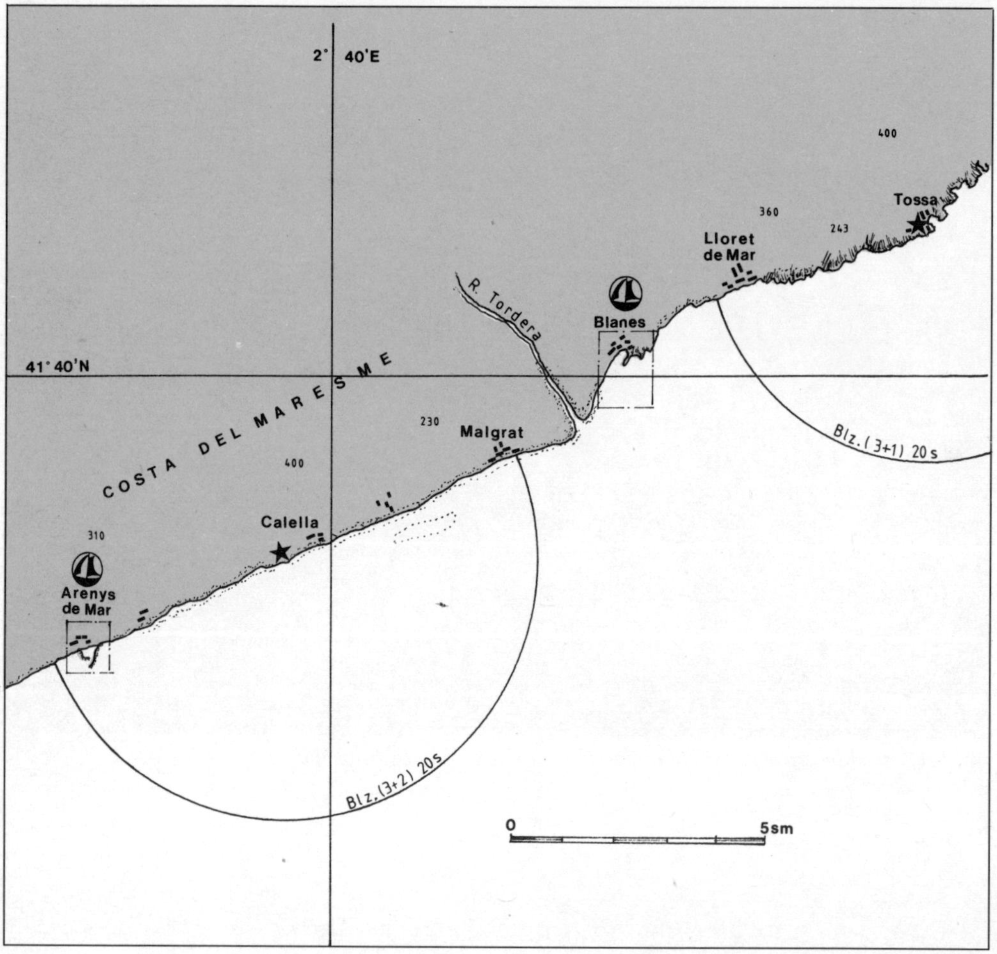

man vor der Stadt auf 7 – 8 m Wassertiefe frei ankern, bei auflandigen Winden sind die Ankerplätze nicht sicher.
Ab Blanes beginnt die Costa del Maresme, die „zahme Küste“. Schutz bei schlechtem Wetter bieten nur die beiden Häfen Blanes und Arenys de Mar, wobei ich letzterem den Vorzug geben würde, weil hier nach der Hafenerweiterung mehr Gastliegeplätze zur Verfügung stehen und die Einsteuerung bei Seegang einfacher ist. In Blanes kann es passieren, daß man im Sommer – auch bei schlechtem Wetter – wegen Überbelegung abgewiesen wird.

Leuchtfeuer Cabo de Tossa.

Tossa de Mar
Badia de Tossa

41°43,0'N
002°56,2'E

Die weiträumige Ankerbucht Badia de Tossa vor dem Touristenort Tossa de Mar ist besser als ihr Ruf. Zumindest ist sie ein idealer Badestopp bei der Fahrt entlang der Küste.

Ansteuerung Die besten Landmarken im küstennahen Bereich sind das Cabo de Tossa mit dem Leuchtturm und die Hotelmonster im nordwestlichen Teil der Bucht.

Hinweis Die Durchfahrt Petras del Freu zwischen dem Festland und der kahlen, etwa 12 m hohen Isla de la Palma ist gefährlich: Nordwestlich der Insel liegen Klippen, und eine blinde Klippe mit 0,3 m Wasser befindet sich in der Mitte der Durchfahrt (siehe Plan). Ortskundige durchfahren die Passage zwischen der blinden Klippe und dem Festland.

Liegeplätze Ich habe die Ankerplätze im südwestlichen Teil der Bucht bevorzugt; von hier hat man einen schönen Blick auf das mittelalterliche Tossa mit seinen alten Türmen und Befestigungsanlagen. Der Ankergrund ist sehr gut haltender Sand. Steht nur eine kurze Verweildauer auf dem Programm, kann man auch an einer der vielen Muringbojen festmachen.

Gut fand ich im Sommer 1990 den Müllcontainer mitten im Wasser, an Grundgeschirr und vier Bojen befestigt. Hier kann man Anlegemanöver üben und den Bordmüll zielgenau entsorgen – eine gute Einrichtung!

Die Ankerplätze im nordöstlich gelegenen Mar Menuda sind gegen Winde aus Nord bis Ost besser geschützt. Die Llosa de Palma mit 1,9 m Wasser ist schon bei wenig Seegang für Kielboote ab 1,7 m Tiefgang gefährlich.

Umland Tossa de Mar hat zwei Gesichter: Da ist einmal der alte Stadtkern mit seinen Zinnen, den Türmen, den verwinkelten Gäßchen, und dazu der Blick vom Cabo de Tossa auf die Bucht el Codolar, dem einstigen Hafen aus der Römerzeit. Zum anderen aber gibt es die Touristenstadt mit den unzähligen Hotels aller Kategorien, vom schlichten Zweckbau bis hin zur gepflegten Wohnanlage, die mit ihrer vorbildlichen Terrassen- und Dachbepflanzung an den Maler und Fassadenkünstler Hundertwasser erinnern.

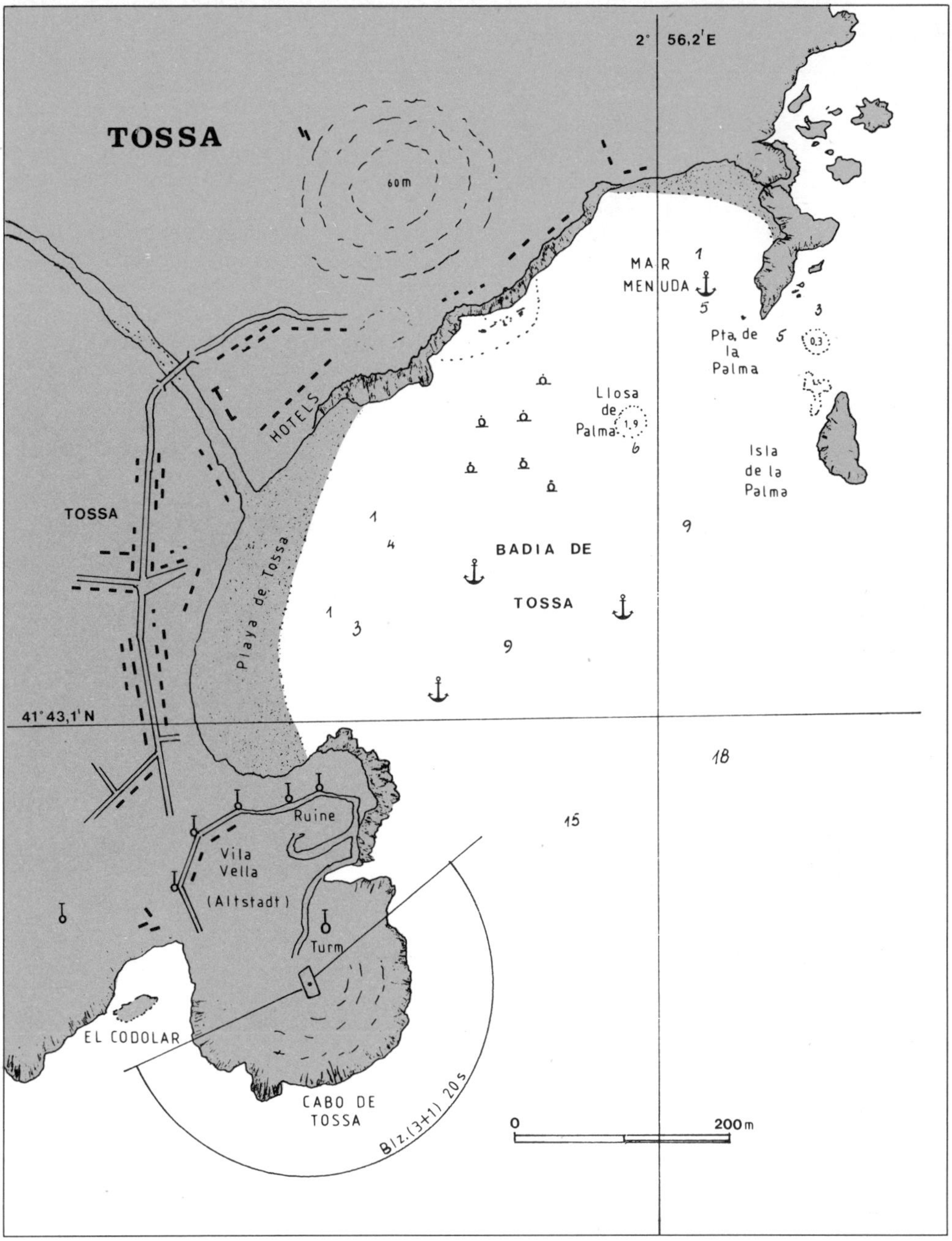
2° 56,2'E
TOSSA
60m
MAR MENUDA
1
5
3
Pta. de la Palma
5
0,3
Llosa de Palma
1,9
6
Isla de la Palma
HOTELS
TOSSA
1
4
BADIA DE TOSSA
Playa de Tossa
1
3
9
9
41° 43,1'N
18
15
Ruine
Vila Vella
(Altstadt)
Turm
EL CODOLAR
CABO DE TOSSA
Blz.(3+1) 20s
0
200 m

Cala Bona

(ohne Plan) 41°40,7′N
002°48,5′E

Nur 0,7 sm nordöstlich vom Molenkopf von Blanes entfernt liegt die Cala Bona, eine nach Süden offene und wenig besuchte Ankerbucht, die in einen Sandstrand ausläuft. Ist der Hafen Blanes überfüllt, kann man hier bei ruhigem Wetter in glasklarem Wasser vor Anker gehen.
Bei der Ansteuerung von Blanes kommend, fährt man an dem Linné-Tempelchen auf dem Hügel vorbei, das noch zu den Anlagen vom Botanischen Garten gehört, bis zum nächsten vorspringenden Felsen.
Die vorgelagerte, etwa 0,6 m hohe Felsklippe Piédra Niel ist gut zu sehen, die Durchfahrt zwischen der Felshuk und der Felsklippe ist ungefährlich.
In der Bucht ankert man auf etwa 5 m Wassertiefe. Der Ankergrund besteht aus gut haltendem Sand.
Die Würstchenbude am Strand ist nur in den Sommermonaten geöffnet. Tagsüber wird es durch die vielen ein- und auslaufenden Ausflugsboote unruhig in der Bucht.

Blanes
Club de Vela

41°40,2′N
002°47,8′E

Der alte Fischerort Blanes gilt als der südlichste Ort der Costa Brava, ein pulsierendes Städtchen, vom Tourismus noch nicht völlig vereinnahmt. Das heutige Blanes entstand aus der römischen Siedlung Blanda und kann auf eine lange Geschichte und Schiffahrtstradition zurückblicken. Zeitweise war der Hafen, oder besser gesagt die südliche Mole, Stützpunkt der alten, traditionell bemalten Mittelmeerschoner, die von hier aus ohne festen Fahrplan ihre wenigen Tonnen Fracht bei fast jedem Wetter zu den Balerareninseln brachten.

Ansteuerung

Es ist einfach, den Hafen anzusteuern; der 166 m hohe Bergrücken und der runde Turm vom Castillo de San Juan (San Joan) sind bei Tag unverkennbare Landmarken. Die dunkle Schutzmole ist ebenfalls aus großer Entfernung zu sehen (siehe Plan Seite 119 und Foto Seite 120/121). Bei der Einsteuerung ist auf die flache Stelle (2 m) Laja de Sta. Ana südöstlich der Schutzmole zu achten.

Liegeplätze

Die 242 Liegeplätze (nur 39 Plätze 7–10 m) im Club de Vela sind in Privatbesitz, freie Plätze werden aber vom Hafenmeister an Transityachten vermietet. Es ist zweckmäßig, für die Platzreservierung rechtzeitig den Hafenmeister über Kanal 9 zu rufen (Rufzeichen: Club de Vela Blanes).
Hat man trotz überbelegter Marina Glück und findet einen Liegeplatz an der Schutzmole, so ist auf die Betonstufe unterhalb der Wasserlinie zu achten. Für kurze Zeit kann man in der Bucht vor Anker gehen, im Hafenbecken ist das Ankern untersagt.
Siehe auch Cala Bona (Seite 116).

Hinweis

Bei Starkwind aus östlichen bis südwestlichen Richtungen steht zwar kein direkter Seegang in den Hafen, aber die an der Schutzmole entlanglaufenden Wellen werden in die Bucht umgelenkt, und im gesamten Hafenbereich treten starke Strömungen auf.

Anlagen

Im Club de Vela (Tel. 331498) gibt es Benzin und Diesel, die Duschen und Toiletten sind für Hafenverhältnisse in gutem Zustand. Anschlüsse für Wasser und Strom gibt es am Steg.
Die kleine Werft Gibernau Astilleros S.A. ist spezialisiert auf Reparaturdienste aller Art an Schiff und Motor und führt fachgerecht Schweißarbeiten an Edelstahl (Inox) aus. Gibernau hat die gängigen Ersatzteile für Motor und Rigg auf Lager.

Lesen Sie bitte weiter auf Seite 118.

Versorgung Die Möglichkeiten, sich für den kleinen und großen Bordbedarf zu versorgen, sind im Ort und erst recht an Markttagen sehr gut. Das Fischrestaurant „S'Anguer" kann ich besonders empfehlen (Tel. 335075).

Umland Unbedingt besuchen sollte man den Botanischen Garten Marimurtra, der sich von Blanes über den Hügel an der Küste entlang bis zur Cala Bona zieht. In dem gepflegten und liebevoll gestalteten Park wird überwiegend die mediterrane Flora gezeigt.

Angelegt wurde der Garten 1920 von dem Deutschen Carl Faust, 1874 in Hadamar bei Limburg geboren, den es als jungen Kaufmann nach Spanien verschlagen hatte und der dort erfolgreich war.

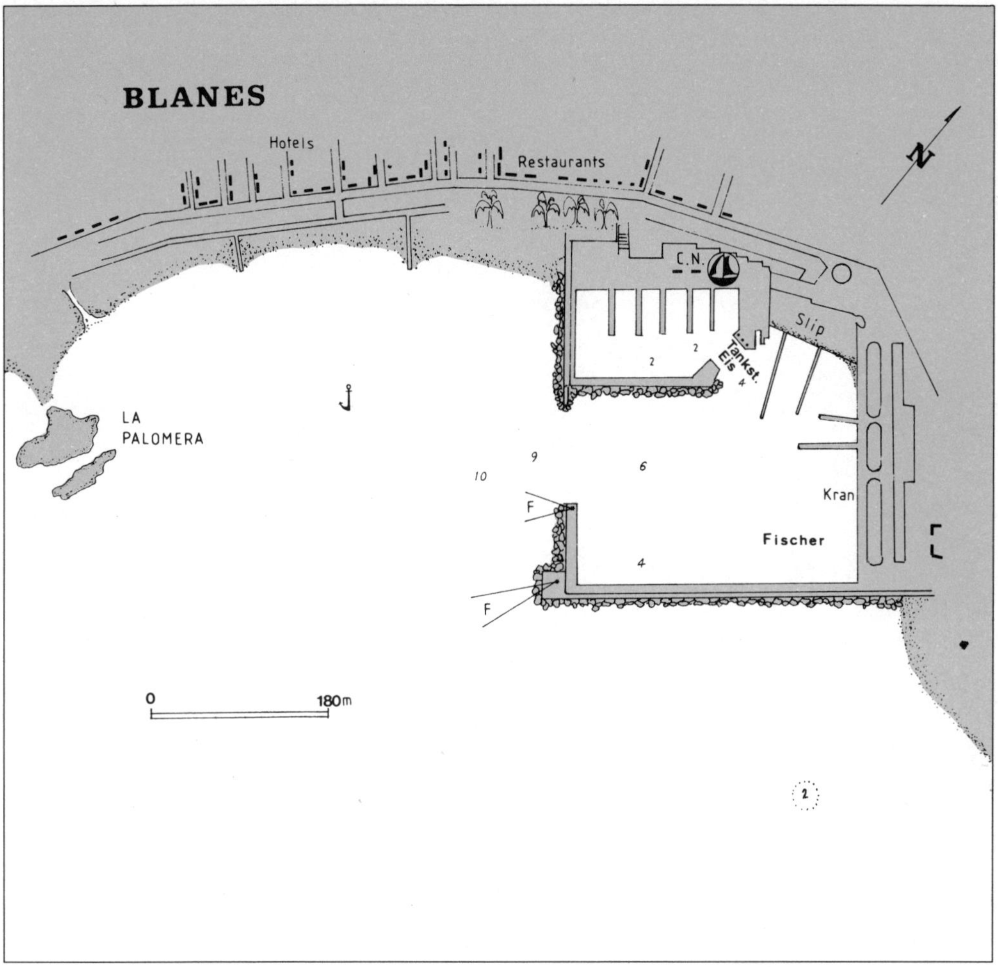
BLANES
Hotels
Restaurants
N
C.N.
Slip
Tankst.
Eis
LA
PALOMERA
Kran
Fischer
F
F
0
180m
2

Der Fischer- und Sportboothafen von Blanes.

Arenys de Mar
Club Nàutic

41°34,5′N
002°33,5′E

Der Hafen Arenys de Mar ist in erster Linie bekannt wegen seiner enormen Fischereiflotte. Über 90 mittlere und große, meist alte Fischerpötte sind hier stationiert; entsprechend ist auch das Wasser im Hafen belastet.
Der Club Nàutic verwaltet 400 Liegeplätze und ist äußerst bemüht, auch in den Sommermonaten den Gästen einen Liegeplatz zur Verfügung zu stellen. In der Vergangenheit gab es, soweit mir bekannt, keine Probleme.
Wenn man das stille Liegen vor Anker in einer der Buchten gewöhnt ist, wird man sich hier durch eine starke Geräuschkulisse belästigt fühlen, besonders vom Verkehr auf der Straße am Hafen. Störend für die Besucher ist die Lautsprecheranlage des Clubs mit den Durchsagen bis tief in die Nacht wie beispielsweise „Señor Rodrigues teléfono, si us plau".
Der Hafen wurde 1990 um eine zweite Mole erweitert; dieser neue Teil ist ebenfalls für Fischer reserviert. Die Fischversteigerung in der Dàrsena Pesquera (Lonja) findet täglich ab 17.00 Uhr statt.

Ansteuerung

Ganz gleich, aus welcher Richtung man den Hafen ansteuert: Der geschwungene Wellenbrecher aus grauen Natursteinquadern ist gut zu erkennen. Der Hafen ist befeuert.

Liegeplätze

Falls über Kanal 9 nicht anders vereinbart, steuert man am besten auf den langen Clubsteg im nördlichen Hafenbecken zu. Die freundlichen Marineros weisen den Liegeplatz zu und helfen beim Annehmen der Leinen. An der Vorderseite vom Steg sind Murings ausgelegt, dahinter wird an kurzen Querstegen längsseits festgemacht. Ist kein Marinero verfügbar, macht man am besten an einem freien Platz fest und wartet auf weitere Anweisungen durch das Hafenpersonal.

Anlagen

Der Club Nàutic (Tel. 7920896) ist bestrebt, das etwas negative Erscheinungsbild der Hafenanlage durch Service innerhalb des Clubgeländes aufzupolieren. Der großzügige Swimmingpool vor dem Club ist auch für Gäste zugänglich. Die Duschen liegen im Quergebäude neben dem Clubhaus, wo auch die Capitania untergebracht ist.
Der Wetterbericht mit Vorhersagen erscheint zweimal täglich im Aushang, auf Anfrage wird der neueste Wetterbericht per Fax angefordert.
Wasser- und Stromanschlüsse gibt es am Steg, auf das Wasserrohr mit ¾-Zoll-Gewinde muß man selbst die Gardena-Kupplung oder ein ähnliches Verbindungsstück aufschrauben.
Die Dieseltankstelle ist zwar ab 08.00 Uhr geöffnet, aber den Anleger davor blockieren häufig Fischerboote im Päckchen. Allgemein ist das Bunkern von Diesel sehr unsicher. Benzin gibt es im Hafen nicht.
Im Hafenkomplex sind drei Werften etabliert, die fast alle Wartungsarbeiten und Reparaturen an Schiff und Antrieb durchführen.

Versorgung

Lebensmittel und Getränke gibt es am Ortseingang (vom Hafen durch die Unterführung), für den Transport größerer Einkäufe hält der Club Wägelchen bereit.
Der Fisch im kleinen Restaurant „Bar Pescadors" neben der Lonja ist absolut frisch und hervorragend zubereitet.

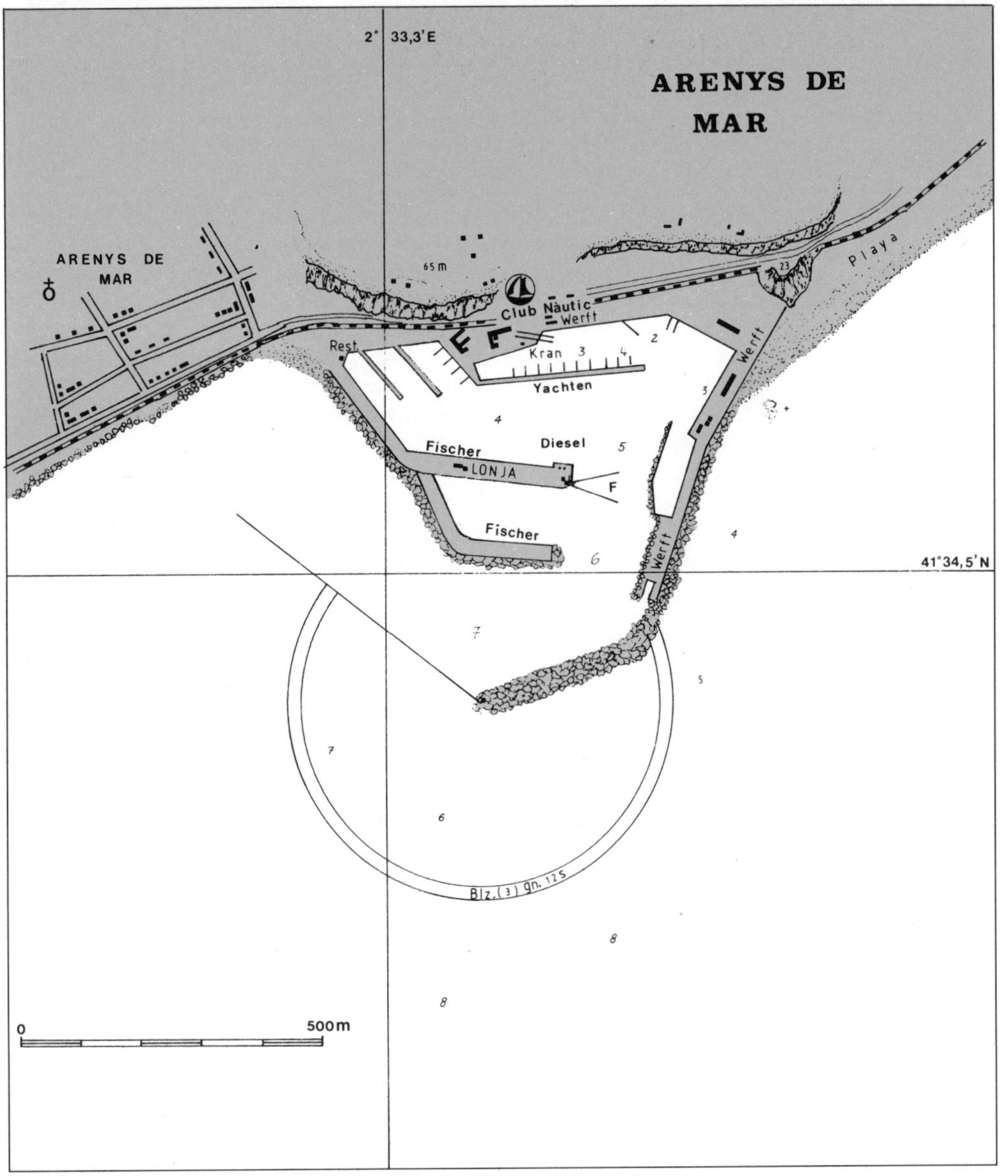

2° 33,3'E
ARENYS DE MAR
ARENYS DE MAR
65 m
Club Nautic
Werft
Rest
Kran 3 4
2
Werft
Playa
23
Yachten
3
4
Fischer
Diesel
5
LONJA
F
Fischer
6
4
Werft
41°34,5'N
7
5
7
6
Blz.(3) gn. 12 s
8
8
0
500m

El Balís bis Barcelona

Dieser Streckenabschnitt ist gekennzeichnet von der Industriestadt Barcelona und den vielen Sportboothäfen entlang der eintönigen, flachen Küste.
Buchten mit intimen Sandstränden gibt es hier nicht, die Wasserqualität eignet sich vielerorts nicht mehr zum Baden, und die Marinas sind teuer und schmutzig. Von Fahrtenseglern und Motorbootfahrern werden die Marinas bevorzugt zum Absprung zu den Balearen angelaufen oder wenn Reparaturen am Schiff durchzuführen oder Ersatzteile zu beschaffen sind.
Barcelona ist der ideale Ort für Besatzungswechsel und bietet mit seinem Großstadtleben ein totales Kontrastprogramm zum Bordalltag.

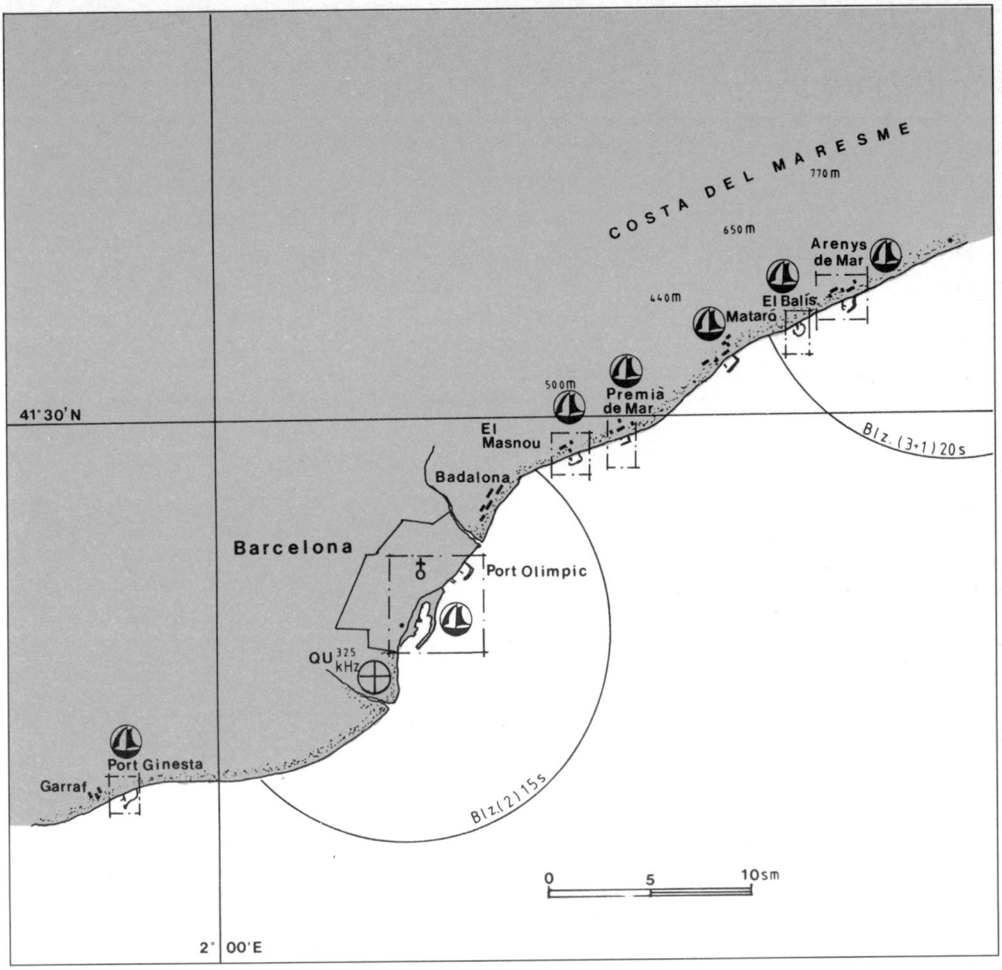
COSTA DEL MARESME
770m
650m
440m
500m
Arenys de Mar
El Balís
Mataró
Premià de Mar
El Masnou
Badalona
Barcelona
Port Olimpic
QU 325 kHz
Port Ginesta
Garraf
41°30'N
2° 00'E
Blz.(3+1)20s
Blz.(2)15s
0
5
10sm

El Balís
Club Nàutic

41°33,5′N
002°30,5′E

Der neue Sportboothafen El Balís liegt nur 2,5 sm südwestlich von Arenys de Mar und bietet Schiffen aller Größenordnungen guten Schutz und allen erdenklichen Service.

Ansteuerung

Bei der Ansteuerung von Süden ist der grüne, mit Pinien bewachsene Hügel mit dem weißen Haus (Kapelle) auf der Kuppe nordwestlich des Hafens die beste Landmarke. Später sieht man hinter der halbrunden Schutzmole das blaue Dach einer langgestreckten Halle.
Von Arenys kommend, liegt auf halber Strecke ein alter Wachtturm auf 110 m Höhe. Die Wassertiefe auf diesem Streckenabschnitt ist ziemlich gering, die 5-m-Linie verläuft teilweise 600 m vom Ufer entfernt.

Liegeplätze

Die Gastliegeplätze liegen im Bogen der Schutzmole und sind durch Hinweisschilder markiert. Am besten macht man zuerst am Wartekai neben der Tankstelle fest.

Mataró
Club Nàutic

(ohne Plan) 41°32′N
002°27′E

Etwa 3 sm südwestlich von El Balís entsteht der neue Port Mataró, ein moderner Sportboothafen, dessen Standard allen Anforderungen gerecht wird.
Es wird erwartet, daß vom Club Nàutic eine größere Anzahl von Gastliegeplätzen für Transityachten vorgehalten wird, zumal für den Bau von Häfen dieser Größenordnung enorme Summen aus öffentlichen Mitteln bereitgestellt werden und das spanische Hafengesetz dann bestimmt, daß 25 Prozent der Gesamtkapazität für Gäste – Servei Públic – bereitgehalten und öffentlich ausgewiesen werden müssen.
Port Mataró wird, besonders in den Ferienmonaten, die kritische Liegeplatzsituation entlang der Costa del Maresme etwas entspannen; im September 1990 war der Wellenbrecher aufgeschüttet, und die Bauarbeiten im Hafenbecken gingen zügig voran. Es ist davon auszugehen, daß man den Hafen zur Saison 1991 bereits anlaufen kann und daß die notwendigsten Serviceeinrichtungen installiert sind.
Aufgrund seiner geographischen Lage wird der Hafen besonders für kleinere Segel- und Motoryachten für den Absprung nach Mallorca interessant; die Strecke nach Puerto de Sóller ist nur 105 sm lang und liegt außerhalb des Tramontana-Bereiches.

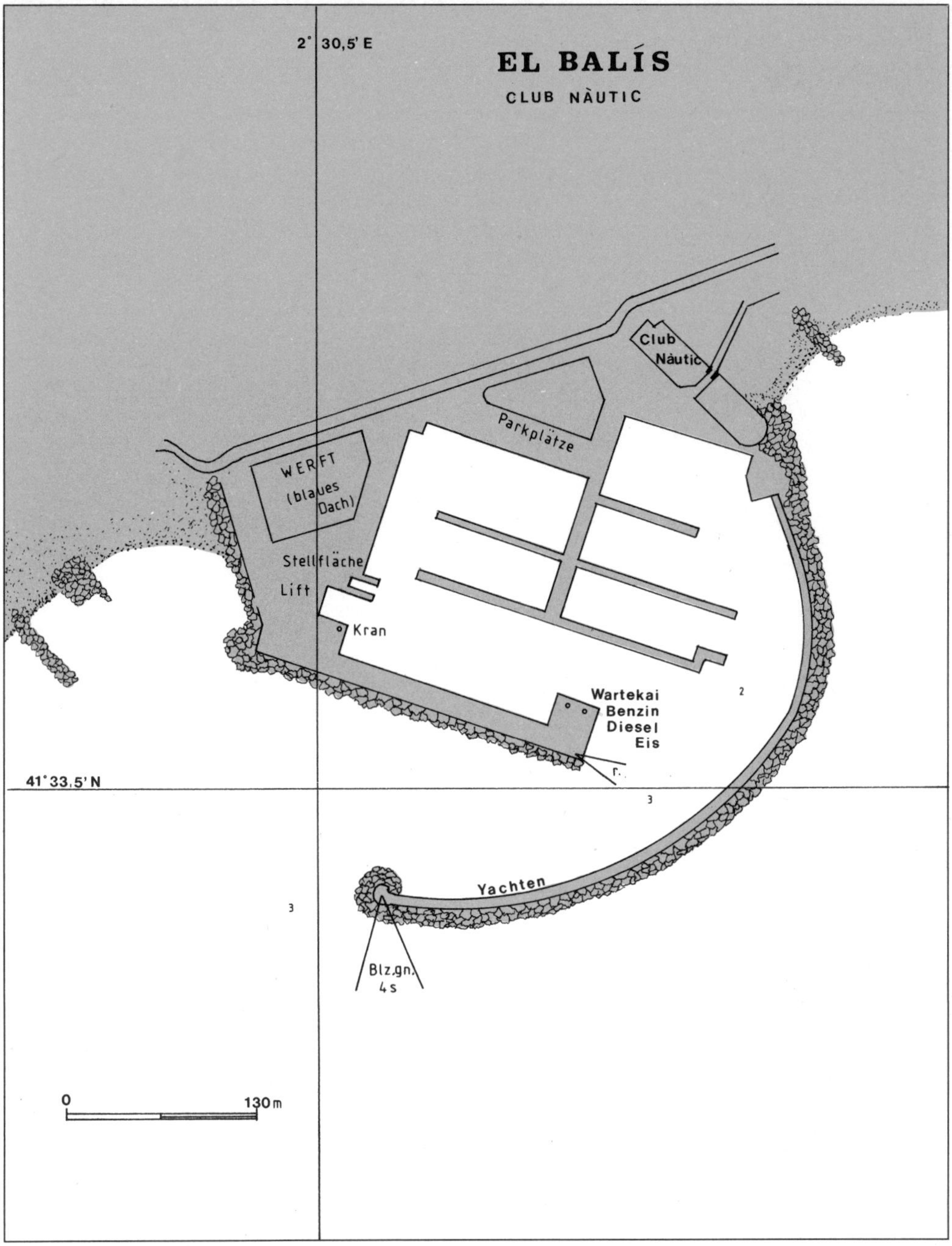
2° 30,5' E
EL BALÍS
CLUB NÀUTIC
Club
Nàutic
Parkplätze
WERFT
(blaues
Dach)
Stellfläche
Lift
Kran
Wartekai
Benzin
Diesel
Eis
r.
2
41° 33,5' N
3
3
Yachten
Blz.gn.
4s
0
130m

Premià de Mar
Club Nàutic

41°29,3′N
002°21,5′E

Der Sportboothafen ist ausgelegt für kleine, flachgehende Boote; von der Ansteuerung mit Segelbooten muß dringend abgeraten werden.
Die Natur empfindet den Hafen offensichtlich als Störfaktor an der langen Sandküste und versucht Monat für Monat, ihm den Garaus zu machen, indem sie die Einfahrt mit Sand auffüllt. Selbst in den windarmen Sommermonaten kann es passieren, daß die Einfahrt über Nacht wieder versandet ist und die Sportboote in knietiefem Wasser durch die Rinne gezogen werden müssen.
Im Hafenbecken beträgt die Wassertiefe 1,5 m.

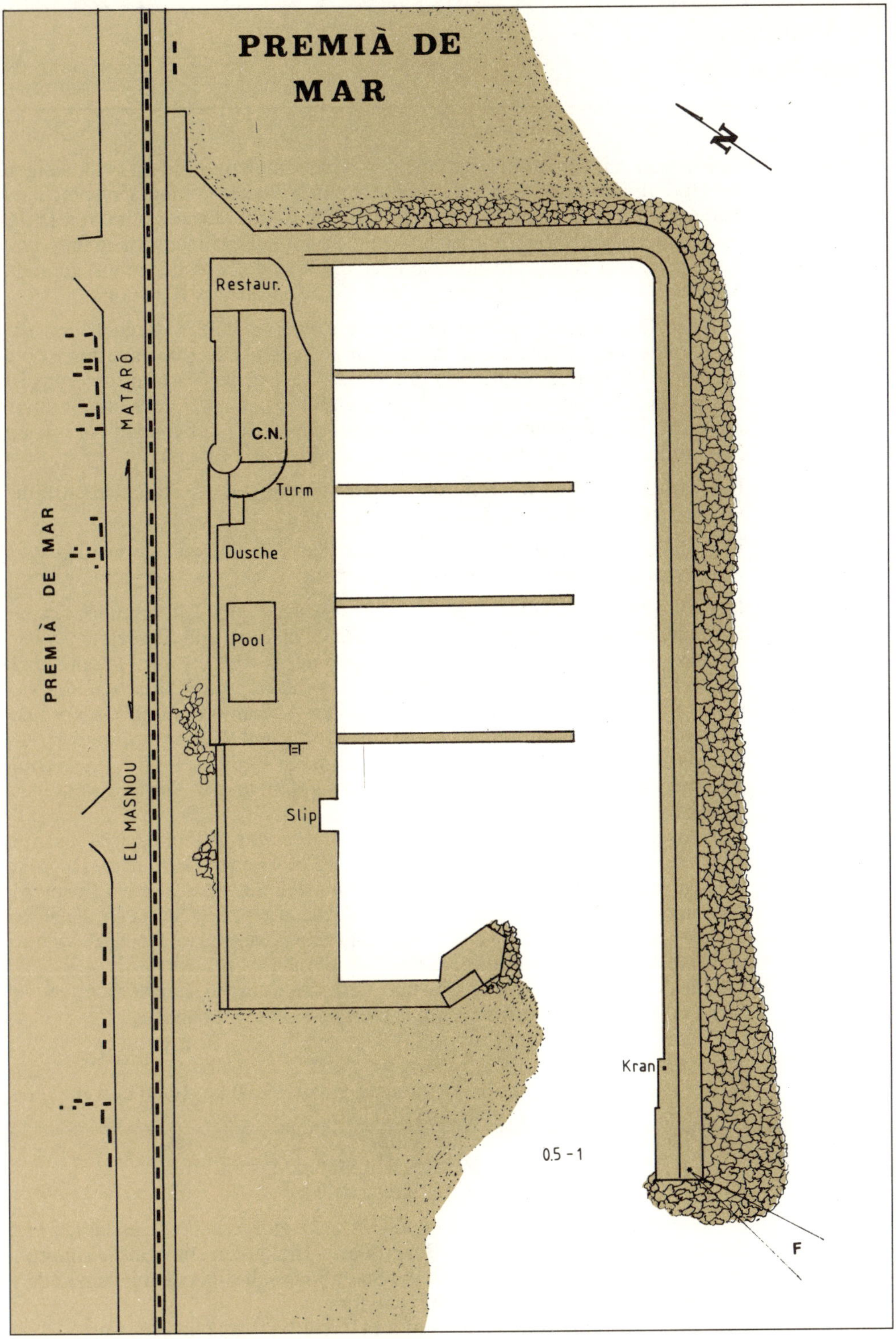
PREMIÀ DE MAR
N
Restaur.
C.N.
Turm
Dusche
Pool
Slip
Kran
0,5 - 1
F
MATARÓ
PREMIÀ DE MAR
EL MASNOU

El Masnou
Club Nàutic

41°28,5'N
002°18,6'E

El Masnou mit seinen kilometerlangen Sandstränden und dem erstklassigen Sportboothafen zählt zum Naherholungsgebiet von Barcelona. Entsprechend ist der Hafen im Sommer überbelegt. Die Kleinstadt Masnou mit ihren 15200 Einwohnern bietet dem Touristen wenig, es gibt nur zwei Pensionen unterster Kategorie. Der Billigtourismus hat auch die Küchen der Restaurants geprägt. Mit Bus oder Bahn ist man rasch in dem 18 km entfernten Barcelona.

Ansteuerung Bei der Tagansteuerung sind der Kirchturm über dem Städtchen und die Schutzmole aus grauen Steinblöcken gut zu sehen. Die Einsteuerung ist bei normalen Wetterbedingungen unproblematisch. Bei der Nachtansteuerung ist das grüne Molenkopffeuer wegen der vielen Lichter im Hafen- und Stadtbereich spät zu erkennen, das rote Feuer auf dem Kopf der Innenmole war im September 1990 außer Betrieb (gem. Lfv. Teil V: Blz.(4)r.25s).

Hinweis Bei starken östlichen Winden steht grober Seegang vor der Hafeneinfahrt, die Einsteuerung ist dann gefährlich.

Liegeplätze Der Hafen bietet insgesamt 483 Schiffen Platz, 31 Liegeplätze werden vom Club Nàutic für Transityachten bereitgehalten.

Anlagen Der Club Nàutic (Tel. 5553000) mit seinen Anlagen und Einrichtungen ist für Fahrtenyachten der beste Hafen zwischen Palamós und Barcelona, wenn Reparaturen anstehen oder Ersatzteile gebraucht werden. Im Hafenbereich haben sich mehrere Schiffszubehörläden und Reparaturwerkstätten angesiedelt. Motor-Tecnic ist spezialisiert auf Mariner-Außenborder und Yanmar-Diesel. Motomar nebenan repariert alles an Motor und Welle, der Inhaber Luis Freijo ist gleichzeitig Mechaniker und Fachmann für Diesel- und Außenbordmotoren. Größere Überholungsarbeiten werden in der Werft Gallart ausgeführt.

Der Segelmacher Toni Tio hat seine Werkstätten vom Hafen nach Villasar de D'Alt verlegt, ein Dorf, das etwa 6 km von El Masnou entfernt liegt. Der erstklassige Fachbetrieb gehört zu den bekanntesten Segelmachereien Spaniens. Toni und sein Personal sprechen neben Katalanisch auch Spanisch, Englisch und Französisch (Toni Tio Velas S.A., Calle Narcis Monturiol s/n 08339 Villasar de D'Alt, Tel. 7533411/Fax 7533900).

Für kleinere Schiffe ist für das Ein- und Auskranen ein 4-t-Kran vorhanden, die Werft Gallart hält für große Yachten einen 50-t-Travellift bereit.

Die Erste-Hilfe-Station (Cruz Roja) liegt neben den Duschen im westlichen Teil des Hafens.

Diesel und Benzin gibt es an Wochentagen von 09.00 bis 14.00 und 16.00 bis 19.00 Uhr, sonntags von 08.00 bis 15.00 Uhr.

Anrufkanäle (VHF/UKW):	Club Nàutic	09
	Rotes Kreuz Hafen Masnou	01
	Rotes Kreuz del Mar	07

Versorgung Die notwendigsten Lebensmittel und Getränke gibt es in den Geschäften und der Metzgerei im Hafenbereich. Bei größeren Einkäufen empfehle ich die günstigeren Einkaufsmöglichkeiten in der Stadt, man sollte jedoch mit dem Ladenbesitzer die Anlieferung ans Schiff vereinbaren.

Das Tapas-Restaurant im Hafen war im Herbst 1990 gut und preiswert.

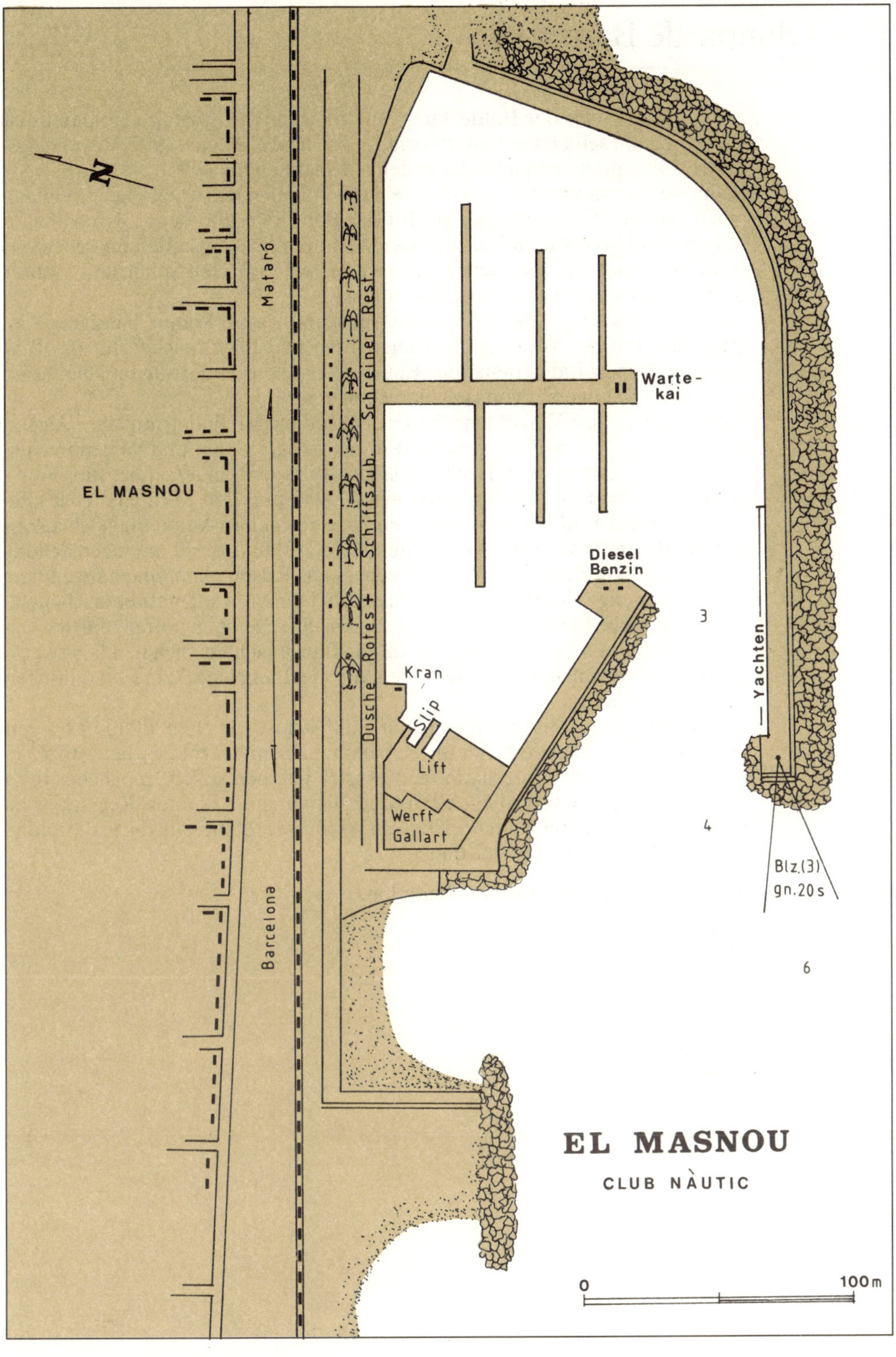
N
EL MASNOU
Mataró
Barcelona
Dusche Rotes + Schiffszub. Schreiner Rest.
Warte-
kai
Diesel
Benzin
Kran
Slip
Lift
Werft
Gallart
Yachten
3
4
6
Blz.(3)
gn.20 s
EL MASNOU
CLUB NÀUTIC
0
100 m

Port Olímpic de Barcelona

41°23'N
002°11'E

Zur 500-Jahr-Feier der Entdeckung Amerikas durch Christoph Kolumbus ist Barcelona mit seinen Gewässern vom 25. Juli bis 12. August 1992 Austragungsort der Olympischen Spiele, der ersten auf spanischem Boden
Während die Nationalflaggen der freien Welt neben der spanischen, katalanischen und der Olympiaflagge hoch über Barcelona und dem Olympiahafen wehen, wird Spanien im Zentrum der Weltöffentlichkeit stehen und in einem riesigen Medienspektakel unter anderem zeigen, daß seine Söhne und Töchter beim Segelwettkampf zur Weltelite zählen.
Das abgedroschene Klischee vom Urlaubsparadies mit Sonne, Sand und Sangría, olé!, soll der Vergangenheit angehören und Platz machen für das Bild einer modernen Industrienation. Entsprechend wurde der Olympiahafen im nördlichen Randgebiet von Barcelona konzipiert.
Nicht weniger als 802 Yachten aller Größenordnungen finden auf einer Wasserfläche von 6 Hektar Platz, geschützt durch riesige Molen und Wellenbrecher. Etwa 40 Geschäfte, Schiffszubehörläden, Bars und andere Dienstleistungsbetriebe werden im Schatten unzähliger Palmen in den Marinabereich integriert. Um das Bild der Superlative und das besondere Ambiente nach außen abzurunden, erfanden die Architekten für den Bau der 540 m langen Schutzmole anstelle des üblichen Wellenbrechers aus Felsbrocken eine aufwendige, terrassenförmige Konstruktion mit Platz zum Flanieren auf mehreren Ebenen.
Der olympische Geldtopf hat's möglich gemacht. Bleibt zu hoffen, daß die versprochenen 20 Prozent der Liegeplätze für Transityachten auch wirklich zweckgebunden bleiben und die Gebühren für die Liegetage keine olympischen Sprünge machen.
Die thermischen Windbedingungen im Juli/August sprechen allerdings gegen ein olympisches Regattarevier um Barcelona. Die meteorologischen Aufzeichnungen der letzten Jahre hätte man ernster nehmen sollen; möglicherweise endet der Kampf um die begehrten Medaillen in einer Flauten-Regatta, während in der Bucht von Palma bei idealen Windververhältnissen die mallorquinische „Nebenolympiade“ stattfindet.

Ansteuerung Siehe Puerto de Barcelona auf Seite 136.

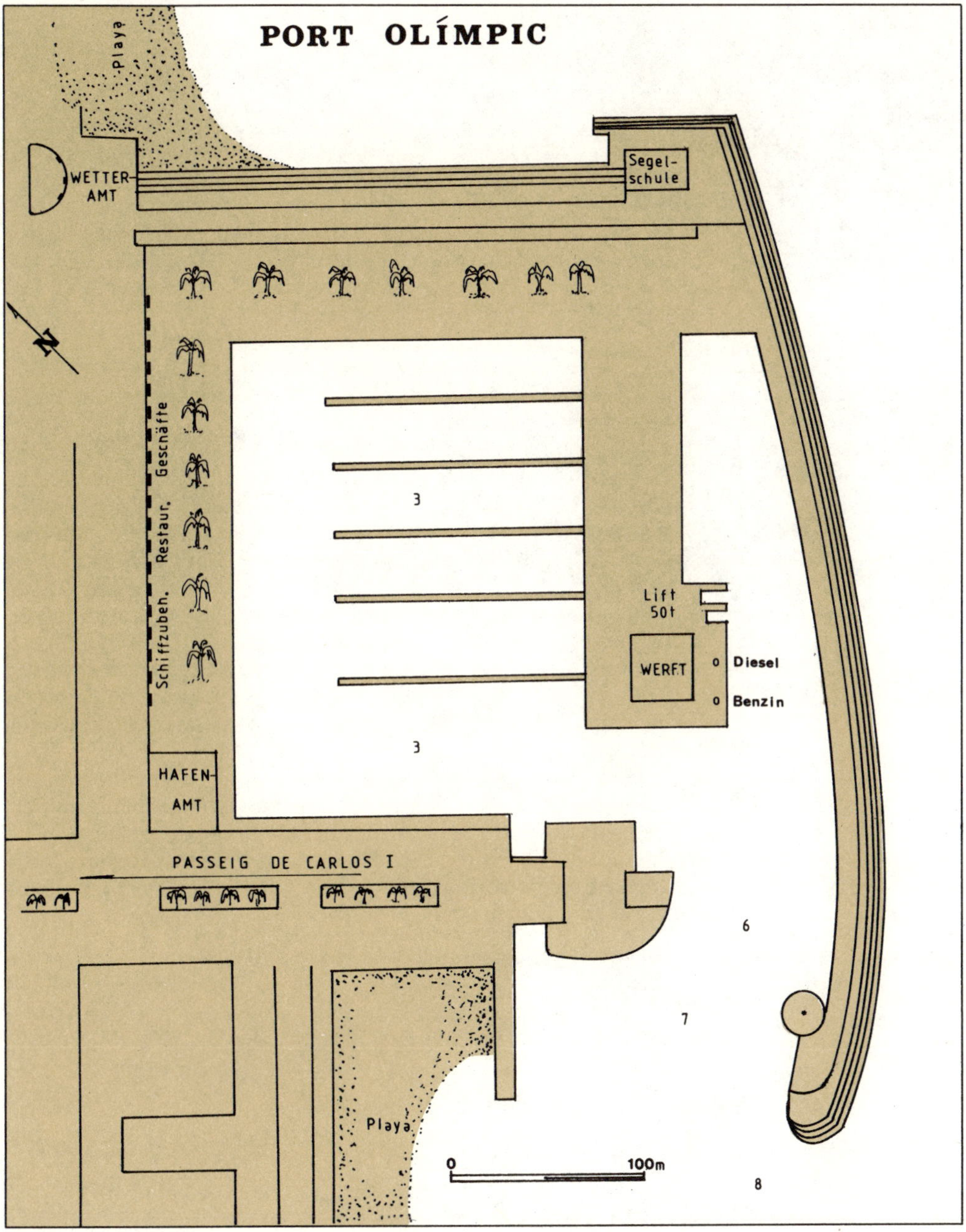
PORT OLÍMPIC
Playa
WETTER-AMT
Segel-schule
N
Schiffzuben. Restaur. Geschäfte
3
3
Lift 50t
WERFT
Diesel
Benzin
HAFEN-AMT
PASSEIG DE CARLOS I
6
7
Playa
0
100m
8

Der Fischerhafen von Barcelona.

Puerto de Barcelona

41°22,0'N
002°10,5'E

Von See kommend, zeigt sich die Stadt von ihrer häßlichsten Seite: Die Verladekräne des Hafens und die drei Schornsteine des Kraftwerks treten als erste aus der grauen Kulisse von Stein, Abgasen und Dunst hervor. Dahinter liegt, eingezwängt zwischen den Bergen, der Moloch Barcelona, die Hauptstadt von Katalonien mit der vierthöchsten Bevölkerungsdichte der Welt nach Kalkutta, Kairo und Hongkong.

Aber die Industrie- und Hafenstadt hat viele Gesichter. Das Stadtbild wird geprägt vom alten Kern mit seinen verwinkelten Gassen und intimen Ecken und der exakt rechtwinklig geplanten Stadterweiterung mit breiten Straßen und großen Plätzen, von der strengen Schönheit der gotischen Kirchen und Paläste und den phantastischen Bauwerken des katalanischen Jugendstils. Großzügige Parkanlagen wie der Montjuich, der Ciudatella-Park und der Güell-Park lockern das riesige Häusermeer auf, in dem Kunst und Kitsch, Originalität und Absurdität, Wissenschaft und Kleinbürgertum, Kriminalität und Kultur in fröhlicher Koexistenz zu Hause sind. Nicht alle Gesichter dieser mediterranen Großstadt sind schön, aber erst alle zusammen ergeben Barcelona, die faszinierende Hauptstadt der Katalanen.

Hat man erst einmal das Hafengebiet verlassen, findet man sich in einer Stadt wieder, die dem Besucher in bezug auf Geschichte, Kultur und Amüsement sehr viel zu bieten hat.

Ansteuerung

Die Ansteuerung von Barcelona ist bei Tag und Nacht unproblematisch. Aus nördlichen Richtungen kommend, sieht man bei Tag in Höhe von El Balís bereits die drei Schornsteine vom E-Werk und wenig später die Stadt mit dem über 2 sm langen Wellenbrecher.

Trotz der Lichterkulisse der Stadt ist das Montjuich-Leuchtfeuer gut auszumachen. Im Ansteuerungsbereich ist während der Nacht besondere Vorsicht geboten; ich habe mehrmals beobachtet, daß kleinere Fahrzeuge keine Lichter gesetzt hatten. Der Hafen ist gut befeuert und der Bereich Club Nàutic mit dem öffentlichen Kai hell erleuchtet.

Der geschäftige Fracht- und Passagierhafen ist in sechs Becken aufgeteilt, im nördlichen Teil befinden sich die Anlagen vom Club Nàutic und Club Maritim (siehe Foto Seite 138/139). Im Hafenbecken nebenan liegen die bunt bemalten Fischkutter und kleinen Fischerboote (Foto Seite 134/135), deren Ausfahrten immer weniger werden, denn um Barcelona gibt es nichts mehr zu fischen. Am ersten Kai machen die Fährschiffe fest, und der südliche Bereich ist ausschließlich Industrie- und Tankerhafen.

Das Wahrzeichen des Hafens, ein Nachbau der Karavelle „Santa Maria", liegt an der Mole zu Füßen ihres einstigen Kapitäns Kolumbus, der von einer hohen Säule auf sein Schiff und den Hafen herabblickt und mit erhobenem Arm aufs Meer zeigt.

Ein Modernisierungsprojekt sieht u. a. mehr Wasserfläche für die Sportschifffahrt vor und eine Teilung des Wellenbrechers (Dique del Este) etwa in Höhe 41°22'N. Dadurch wird der Hafen in zwei Bereiche aufgeteilt. Der Weg nach Norden wird für die Passagier- und Sportschiffahrt dann wesentlich kürzer.

Liegeplätze

Von den 278 Liegeplätzen der beiden Yachtclubs werden 30 für Transitgäste bereitgehalten; in der Regel erfolgt die Platzzuweisung über Kanal 9 zügig. Ein

2° 10' E
41° 22' N
BARCELONA
Kathedrale
Rambles
Post
Haupt-
bahnhof
E-Werk
PORT
OLÍMPIC
Diesel
Yachten
Yacht-
Club
Kolumbus-
Säule
Fischer
Seilbahn
Stadion
Castillo
de
Montjuich
200 m
10,8m
Bahnhof
18sm
B(z(2)15s
C.A.M.P.S.A
Tanks
Tanker-
hafen
Tanks
F
Ankern
v e r b o t e n
0
0,5
1sm
PUERTO DE
BARCELONA
UND PORT OLÍMPIC

Barcelona, Stadt der Olympischen Spiele 1992. Im Vordergrund die Anlagen der Clubs Nàutic und Marítim.

Wartekai ist nicht vorhanden. Fast alle Gästeplätze befinden sich am ersten Steg vor dem Clubgebäude, festgemacht wird an Muringbojen und Leinen zum Steg.
Die Liegeplätze sind selbst bei gutem Wetter unruhig. An der öffentlichen Mole gegenüber (Passeig de Colóm) liegt man ruhiger, preiswerter, und der Weg in die Stadt ist kürzer.

Umland

Um Barcelona kennenzulernen, muß man unbedingt als erstes die Rambles (Ramblas) besuchen. Die 2 km lange Flanierstraße mit schattenspendenden Platanen führt von der Plaça de Catalunya bis zur Kolumbus-Säule am Hafen. Die Rambles mit ihrer Umgebung sind wohl einmalig auf der Welt. Hier treffen sich jung und alt, Arme und Reiche, Ausländer und Spanier, Zigarettenverkäufer und Schuhputzer, Clowns und Musiker, ein buntes Menschengemisch, ein Straßentheater in einer andauernden Tag- und Nacht-Vorstellung auf einer großartigen Bühne.
Nachts wird im „Ansteuerungsbereich der Rambles" ähnlich wie bei der Hafenansteuerung mit Licht gespart, in dem Vergnügungsviertel Barrio Chino brennt ohnehin nur das Backbordlicht.
Den schönsten Ausblick auf die Stadt und den Hafen hat man vom Montjuich aus. Der geschichtsträchtige Hügel gilt bei den Katalanen als Symbol für Freiheit, Kultur, Architektur und Sport.
Hier starb Prinz Friedrich von Darmstadt und Hessen, der im Erbfolgekrieg mit seinen Mannen Seite an Seite mit den Katalanen gegen die Bourbonen gekämpft hatte, hier ließ im Jahre 1940 Franco den Vorsitzenden der katalanischen autonomen Regierung, Lluís Companys, erschießen, hier lag auch die größte Bastion für die Verteidigung der Stadt.
Die Architektur der Gebäude um und auf dem Montjuich ist seit dem 1. Weltkrieg einem ständigen Wandel unterworfen. Mit der Weltausstellung 1929 kam auch die deutsche Architektur auf den Montjuich und nach Katalonien. Der Deutsche Pavillon ist das Werk des Bauhaus-Architekten Ludwig Mies van der Rohe, ein 1986 wiederaufgebautes architektonisches Meisterwerk des 20. Jahrhunderts.
Wo 1929 die Weltausstellung stattfand, sind für die Olympischen Spiele 1992 die wichtigsten Anlagen und Austragungsorte geplant.
Von der Aussichtsterrasse Miramar aus kann man mit der Seilbahn (Teleferic) wieder in den Hafen hinabschweben; von hier aus sind es nur noch wenige Gehminuten bis zum Seefahrtsmuseum (Museu Maritim) im gotischen Bootshaus der ehemals königlichen Werft.

Spanische Begriffe beim Ein- und Ausklarieren

nombre de la embarcación *oder: nombre del yate*	Name des Bootes
bandera	Nationalität (deutsch = alemana)
matricula	Heimathafen
propietario	Eigentümer
patron, Capitán	Schiffsführer
nombre de tripulantes	Namen der Crew
nombre de pasajeros	Namen der Passagiere (entfällt, außer es sind bei großen Yachten zahlende Gäste an Bord)
destino	nächster Hafen
fecha (dia, hora) Entrada	Datum (Tag, Stunde) des Einlaufens
fecha Salida	Datum des Auslaufens
dias Estancia	Dauer des Aufenthaltes
eslora	Länge des Bootes (m)
manga	Breite des Bootes (m)
calado	Tiefgang des Bootes (m)
tonelaje	Verdrängung (t)
palos	Zahl der Masten
número de	Anzahl

Wichtige spanische Fachausdrücke

Segel	Großsegel	vela mayor
	Genua	génova
	Fock	foque
	Besan	mesana
	Spinnaker	espinaquer
	Sturmfock	foque de capa
Rigg	Mast	palo
	Baum	botavara
	Vorstag	estay de proa
	Achterstag	poparrás
	Want	obenque
	Saling	crucetas
laufendes Gut	Fall	driza
	Schot	escota
	Dirk	amantillo
sonstiges Gut	Anker	ancla
	Ruder	timón
	Winde	winche, chigre
	Klampe	cornamusa
	Block	motón
	Schäkel	grillete
	Fender	defensa
	Bootshaken	bichero
	Lenzpumpe	bomba de achique
	Beiboot	chinchorro
	Riemen	remo
Motor	Zylinder	cilindro
	Buchse	camisa
	Kolben	émbolo
	Nockenwelle	árbol de levas
	Ventil	valvula
	Ölpumpe	bomba de aceite
	Kupplung	embrague
	Wasserpumpe	bomba de agua
	Auspuffrohr	tubo de escape
	Anlasser	motor de arranque
	Lichtmaschine	dinamo
	Dichtung	empaquetadura, junta
	Schraube	hélice
	Welle	eje
	Schalthebel	palanca de cambio
	Ölfilter	filtro de aceite
	Batterie	bateria
	Zündkerze	bujía
	Schraube/Mutter	tornillo/tuerca
	Schraubendreher	destornillador

Sicherheit	Feuerlöscher	extintor
	Sicherheitsgurt	cinturón de seguridad
	Schwimmweste	chaleco salvavidas
	Rettungsinsel	balsa neumática
	Notsignale	bengala
Navigation	Kompaß	aguja, brujula
	Handpeilkompaß	aguja de marcar
	Echolot	sonda acústica
	Funkpeiler	goniometro
	Seekarte	carta náutica
	Backbord	babor
	Steuerbord	estribor
	Luv	barlovento
	Lee	sotavento
Kombüse	Petroleumkocher	cocina de petróleo
	Propangaskocher	cocina de gas
	Gasflasche, Füllung	cilindro, carga de gas
Werft	an Land holen	varar
	Unterwasserschiff reinigen	limpiar fondos
	überholen	revisar
	Winterlager	invernada
	zu Wasser lassen	botar, lanzar al agua
Meteorologie	Front	frente
	Gewitter	tempestad, tormenta
	Hoch	alta, anticiclón
	Keil	cuña
	Luftdruck	presión
	Nebel	niebla
	Okklusion	oclusión
	Regen	lluvia
	Sicht	visibilidad
	Tief	baja, depresión
	Wetter	tiempo
	Wetterbericht	boletín meteorológico
	Wettervorhersage	pronóstico
	Wind	viento
	Wolken	nubes

Adressenübersicht

- ADAC, Abteilung Sportschiffahrt, Am Westpark 8,
  8000 München 70, Tel. 089–76760
- ADAC, deutschsprachiger Notrufdienst Barcelona, Tel. 2008800
- Bundesamt für Seeschiffahrt und Hydrographie (BSH)
  Bernhard-Nocht-Str. 78, 2000 Hamburg 36, Tel. 040 – 31901
- Deutscher Motoryachtverband (DMYV)
  Gründgensstr. 18, 2000 Hamburg 60, Tel. 040 – 6308011
- Deutscher Segler-Verband (DSV)
  Gründgensstr. 18, 2000 Hamburg 60, Tel. 040 – 6320090
- Kreuzer-Abteilung des DSV, Informationsstelle Mittelmeer
  Dichtlstr. 2, 8000 München 21, Tel. 089 – 586282
- Diplomatische Vertretungen
  Deutsche Botschaft
  Calle Fortuny 8, 28010 Madrid, Tel. 4199100
  Deutsches Konsulat
  Passeig de Gràcia 111, 08008 Barcelona, Tel. 2176162
  Österreichische Botschaft
  Paseo de Castellana 91, 28046 Madrid, Tel. 4565315
  Österreichisches Konsulat
  C. Mallorca 286, 08037 Barcelona, Tel. 2573614
  Schweizer Botschaft
  Calle Nuñez de Balboa 35, 28001 Madrid, Tel. 4313400
  Schweizer Konsulat
  Gran Via de Carles III 94, 08028 Barcelona, Tel. 3309211
  Spanische Botschaft
  Schloßstr. 4, 5300 Bonn, Tel. 0228 – 217094
- Amtliches Französisches Verkehrsbüro
  Kaiserstr. 12, 6000 Frankfurt/Main, Tel. 069 – 7560830
- Spanische Fremdenverkehrsämter
  Myliusstr. 14, 6000 Frankfurt/Main, Tel. 069 – 725033
  Graf-Adolf-Str. 81, 4000 Düsseldorf, Tel. 0211 – 370467
  Oberanger 6, 8000 München 2, Tel. 089 – 2609570
  Rotenturmstr. 27, 1010 Wien, Tel. 5353191
  Seefeldstr. 19, 8008 Zürich, Tel. 2527930
- Federación de Vela (Spanischer Seglerverband)
  Calle Juan Vigon 23, 28003 Madrid, Tel. 2335305
- Federaçion de Motonautica (Spanischer Motorsportbootverband)
  Avenida America 33, 28002 Madrid, Tel. 4159327

Formblatt Seewetterbericht Deutsche Welle

SEEWETTERBERICHT MITTELMEER SWA HAMBURG
DEUTSCHE WELLE

Empfang	Datum	auf KW 6075/9545
Wetterlage heute 1200 UTC	Vorhersage bis morgen mittag	Stationsmeldungen heute 1500 UTC
	Golfe du Lion	Brest
		La Coruña
		Gibraltar
	Balearen	Palma
		Marseille
		Genua
	Ligurisches Meer	Grosseto
		Ajaccio
		Ponza
	westl. Korsika, Sardinien	Cagliari
		Messina
		Malta
	Thyrrenisches Meer	Brindisi
		Ancona
		Venedig
	Adria	Pula
		Split
		Ulcinj
	Ionisches Meer	Limnos
		Kithira
		Athen
	Ägäis	Heraklion
		Rhodos
	Biskaya	Bemerkungen:

Register

Bücher für die Freiwache

Die sonderbare Welt des Seglers Gustaf
Neue Geschichten vom Segler Gustaf
Freud und Leid des Seglers Gustaf
Gustaf – Szenen aus dem Seglerleben
Segler Gustafs heile Welt
Amüsante und erheiternde Episoden aus dem Leben des Seglers Gustaf, aufgezeichnet von WOLFGANG J. KRAUSS. Jeder Band 96 Seiten mit 20 Zeichnungen, gebunden, je DM 14,80

Nur Segeln ist schöner
Hätte Wasser doch Balken
Mag kommen was will
Hoch und trocken
Köstliche Cartoons über einen herrlichen Sport, der leider nicht immer ein reines Vergnügen ist, von MIKE PEYTON. Jeder Band 96 Seiten mit 88 Zeichnungen, gebunden, je DM 14,80

Himmel, muß ich denn schon wieder segeln?
Selbst erlebt und locker beschrieben von LESLEY BLACK: das Familiensegeln aus der Sicht einer Frau und Mutter mit Illustrationen von Mike Peyton. 104 Seiten mit 28 Zeichnungen, gebunden DM 14,80

Die Welt im Sturm erobert
Ein exzentrischer Vater schickt seine junge Tochter ohne große Segelpraxis „einhand" um die Welt. Der Erlebnisbericht von TANIA AEBI ist fesselnd wie ein Roman. 368 Seiten mit 24 Farbfotos, gebunden DM 36,–

Abenteuer unter arktischer Sonne – Shangri La
Die letzte Etappe der 10jährigen Reise führt BURGHARD PIESKE durch die grandiose nordische Natur, durch Stürme und Eis, zu einem triumphalen Empfang im Heimathafen. 288 Seiten mit 34 Farbfotos, gebunden DM 34,–

80000 Meilen und Kap Hoorn
Ein Seglerleben
BOBBY SCHENK erzählt von seinen großen Reisen um die Welt und rund Kap Hoorn und gewährt zugleich Einblick in die bunte Szene der Yachties und die Freuden und Sorgen des Langstreckensegelns. 400 Seiten mit 50 Farbfotos und 2 Routenkarten, gebunden DM 36,–

Segeln im Reich der Stürme
Mit Yacht und Sportflugzeug bis ans Ende der Welt
Spannend erzählt BOBBY SCHENK von seiner jüngsten Reise durch die Luft und auf dem Wasser zum Kap Hoorn, der berüchtigsten Ecke der Welt. 294 Seiten mit 52 Farbfotos, gebunden DM 36,–

Paradies im Stundenglas
Ein letztes Mal segeln ERNST-JÜRGEN und ELGA KOCH mit ihrer „Kairos" von der Ostküste der USA südwärts in die Karibik und müssen erkennen, daß die Paradiese weniger geworden sind – zerronnen wie der Sand im Stundenglas. 408 Seiten mit 41 Farbfotos, gebunden DM 36,–

Phönizische Reisen mit der „Mike-Dull"
Die abenteuerlichen Fahrten eines modernen Seglers, der mit seinem kleinen Boot das Mittelmeer durchkreuzte. Auf den Spuren der Phönizier segelt BENONI JUNKER von Spanien bis Israel. 272 Seiten mit 13 Zeichnungen, gebunden DM 32,–

Die Welt ist noch weit
Neue Reisen mit der „Vagant"
Mit ihrem kleinen Serienboot meistern URSEL und FRIEDEL KLEE Atlantik und Pazifik. Manche Etappe führt sie an die Grenzen ihrer Kraft. 284 Seiten mit 35 Farbfotos, gebunden DM 34,–

Barawitzka – Lauter Kapitäne, keine Matrosen
Neue Abenteuer des eigenwilligen Kapitäns: Barawitzka führt vier Charteryachten nach Tunesien. Witzig und spritzig wie immer läßt KARL VETTERMANN den Leser von einem Höhepunkt zum nächsten mitsegeln. 278 Seiten mit 25 Zeichnungen, gebunden DM 32,–

Viele andere Bücher beschäftigen sich neben diesen noch mit dem Segeln und auch mit dem Motorbootfahren. Verlangen Sie unser ausführliches Verzeichnis über Ihre Buchhandlung oder direkt vom Verlag (4800 Bielefeld 1, Postfach 4809).

(Preisänderungen vorbehalten!)

Delius Klasing Verlag